Guido Kasmann

Theo –
das Tagebuch

Dieses Buch gehört:

Guido Kasmann

Im BVK Buch Verlag Kempen sind weitere Bücher von Guido Kasmann erschienen:
• Appetit auf Blutorangen
• Das Schweigen des Grafen
• Hexenmüll
• Kein Raumschiff im Schrank
• Die Osterschildkröte
• Sing, Luisa, sing!
• Der schwarze Nebel
• Der Fluch des Bergzauberers
• Der Angriff der Dunkelelfen
• Allaq – Jäger im Eis
• Die Bande der unbekannten Helden
• Lena! Chaos! Klappe, die erste!
• Schirmel und Oderich

LIMBU Lese-Info-Mitmachbuch (Hrsg. Hans-Jürgen van der Gieth)

Bibliografische Information der Deutschen Bibliothek
Die Deutsche Bibliothek verzeichnet diese Publikation in der Deutschen
Nationalbibliografie; detaillierte bibliografische Daten sind im Internet über
http://dnb.ddb.de abrufbar.

www.buchverlagkempen.de

Hrsg. Hans-Jürgen van der Gieth
2. Auflage, Kempen 2018
© 2015 BVK Buch Verlag Kempen GmbH, Kempen

Nach der neuen deutschen Rechtschreibung

Lektorat: Hans-Jürgen van der Gieth, Kempen
Umschlaggestaltung: Daniela Heirich, BVK, unter Verwendung der
Bilder: Hintergrund: © Pola36 / Shutterstock.com und © patpitchaya /
Shutterstock.com; Leineneinband: © Flas100 / Shutterstock.com; Zettel:
© Picsfive / Shutterstock.com; Schrift: © Kevin Renes / Shutterstock.com;
Schnörkel: © Milen / Shutterstock.com; Klecks: © AnaWhite / Shutterstock.com; Blitz, Sterne und Blume: © hugolacasse / Shutterstock.com
Gestaltung: Daniela Heirich, BVK
Druck / Bindung: GrafikMediaProduktionsmanagement GmbH, D-Köln

Best.-Nr.: LI88, ISBN 978-3-86740-618-5

Inhaltsverzeichnis

Nägel für Nasen, Handys mit Husten – und Gedichte für Omas

Ich heiße Theo.

Gibt's da was zu lachen?
Na, also!

Das ist nämlich ein guter Name!
Warum? Ganz einfach: Wenn ich irgendwo jemanden meinen Namen rufen höre, weiß ich, dass ich gemeint bin. Das ist für so einen Max oder Lukas ja wohl anders. Da drehen sich mindestens drei Lukasse und zwei Maxe um.
Meine große Schwester Nicola meint ja auch, ich wär **„so ein richtiger Theo".**
Also ich finde mich ganz normal. Ich spiele gerne Fußball, rase mit meinem Rad durch den Wald und in der Schule bin ich so mittelprächtig, wenn ihr versteht, was ich meine. Ich sammle noch nicht mal Bierdeckel, Schneekugeln oder Briefpapier ...
Ich hab meine Schwester mal gefragt: „Warum sagst du immer, ich bin so ein richtiger Theo?"
„Weil du komisch bist", hat sie geantwortet, mehr nicht.
Ich finde übrigens, meine Schwester ist viel komischer als ich, denn sie braucht über eine Stunde zum Duschen, hängt sich Glitzersachen ins Ohr und um den Hals, hat immer ihr Handy in der Hand und ich glaube, sie denkt, wenn sie es loslässt, hört ihr Herz auf zu schlagen oder so. Mama und Papa nervt sie mit

Ich bin

Theo

Erdbeereis
Nicos Schuld

dem Wunsch, sich einen Nagel in die Nase bohren zu lassen. Ich hab gefragt, was sie macht, wenn sie Schnupfen hat, oder einfach mal in den Regen kommt. Ob dann der Nagel anfängt zu rosten?

Jedenfalls hatte sie in meinem Zimmer rumgeschnüffelt: „Gedichte? Du schreibst Gedichte?! Wie bescheuert ist das denn?" Dann hat sie losgekreischt, ich hab nichts verstanden außer: „Das ist doch was für Omas!"

Ich wollte sie damals fragen, warum sie das meint, aber da hat ihr Handy gehustet – ja, das ist ihr Klingelton, ein Hustenanfall, echt – und dann geht sie dran, egal, ob sie mit Papa redet, was kaut oder sich die Zähne putzt, und danach hatte ich keine Lust mehr, sie nochmal darauf anzusprechen.

Ja, ich schreibe Gedichte. Na und?

Mir macht es Spaß, dass sich Worte reimen, oder dass beim laut Vorlesen so ein Rhythmus entsteht, dass ich manchmal mit dem ganzen Körper mitwippe. Ich sag dann schon mal, ich rappe, wie bei dem Gedicht, das ich in den letzten Sommerferien am Strand geschrieben habe. Ich habe dazu alles auf einem Zettel notiert, was ich am Strand gesehen oder gehört habe. Wörter, die sich reimen, habe ich direkt an das Ende der Zeile geschrieben. Dann habe ich die anderen Wörter eingesetzt und so lange untereinander ausgetauscht, bis ich dazu einen Rhythmus gleichmäßig klatschen konnte.

Nicola hat gemeckert: „Wie soll man da braun werden, wenn du dauernd mit deinen Händchen rumpatschst?"

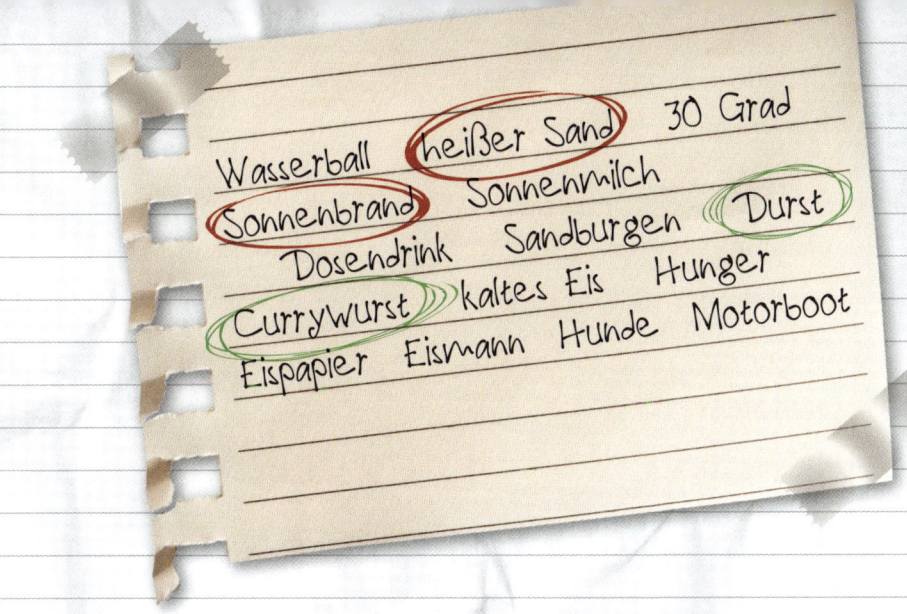

Wasserball heißer Sand 30 Grad
Sonnenbrand Sonnenmilch
Dosendrink Sandburgen Durst
Currywurst kaltes Eis Hunger
Eispapier Eismann Hunde Motorboot

Nicos Eis
Ehrlich, ich kann
nix dafür

Ich habe geantwortet: „Die Sonne bräunt, egal ob ich dazu klatsche oder nicht." Nico hat mir einen Vogel gezeigt und dann in den Himmel gestarrt, während sie was vor sich hinbrabbelte, das sich anhörte wie: „Oh, mein nerviger Bruder ..."

Ich finde, Nicola hat viel mehr genervt. Sie wollte ja möglichst gleichmäßig braun werden. Alle fünf Minuten hat sie sich anders hingelegt, mal auf den Rücken,

9

Bumm-bumm-tschak
Bumm-bumm-tschak

mal auf den Bauch, mal auf die Seite. Dabei hat sie jedes Mal ihr Badetuch ausgeschüttelt, und alle – also Mama, Papa und ich – haben dann geschrien: „Ey, pass doch mit dem Sand auf!"

Mein Gedicht war irgendwann fertig. Ich habe Papa dazu gebracht, immer Bumm-bumm-tschak, Bumm-bumm-tschak zu machen, wie so ein Schlagzeug, und ich hab dazu mein Gedicht vorgelesen. Mama sollte nur das Reimwort mitsprechen, also „heißer Sand", „Sonnenbrand" und so weiter.
Mama und Papa haben toll mitgemacht und danach gelacht. Eigentlich wollte ich, dass Nico im Hintergrund immer so Töne singt: „Uuuuuh, uh-uuuuh ..." Aber sie hat mich kurz angeguckt und dann gesagt: „Spinner!"
Ich glaube, das heißt „Nein, ich möchte nicht mitmachen!" in Zickensprache.

Bumm-bumm-tschak
Bumm-bumm-tschak

Wie bei
„We Will Rock You"
von Queen

10

Am Strand

Wasserball, Sonnenmilch, heißer Sand,

Sandburgen, 30 Grad, Sonnenbrand,

Motorboot, kaltes Eis, Hunger, Durst,

Eispapier, Dosendrink, Currywurst,

Papa ruft, Mama schreit, Baby weint,

Eismann brüllt, Hunde bell'n, ausgereimt.

Eigentlich ging die vorletzte Zeile so:

Papa schimpft, Mama keift, Nico weint

Aber Nicola hat gekreischt: „Ich heule nicht!" – und dabei hat sie doch fast geheult. Sie hat sich so aufgeregt, dass ihr der Kaugummi aus dem Mund gefallen ist, auf dem sie ungefähr seit dem Frühstück rumschmatzte. Kurz hat sie auf den Kaugummi gestarrt, der jetzt vor ihr im Sand lag und eine sandige Kruste bekommen hatte, dass er aussah wie ein Chicken Nugget. Mama hat mich komisch angeguckt beim Vorlesen, und ich hab gedacht, was soll's, schreib ich eben: Papa ruft, Mama schreit, Baby weint. Papas Stelle habe ich auch geändert, obwohl er gesagt hat, ihm sei das egal.

Ich muss jetzt wohl mal erklären, warum ich das alles aufschreibe. Dafür fange ich aber ein neues Kapitel an ...

Notizen

Strand

Sand

Wellen

bellen

Regenguss

Schluss

2. Kein Frühling bei Google

Also ... Es ist die Idee von meiner Lehrerin, Frau Diepholz.

Wir hatten im Unterricht Frühlingsgedichte gelesen, von Mörike, Guggenmos und so Leuten. Wir sollten uns eins von den Gedichten aussuchen und auswendiglernen.
Also wenn ich was nicht kann,
 dann ist das *Auswendiglernen.*
Da dreh ich durch!
Ich brauche eine halbe Stunde, nur um die ersten zwei Zeilen zu lernen. Wenn ich dann völlig erschöpft endlich mit den nächsten Zeilen beginne, merke ich, dass ich die ersten Zeilen schon wieder vergessen habe. Schrecklich!

Ich hab Frau Diepholz gefragt, ob es irgendeine Möglichkeit gibt, kein Gedicht auswendiglernen zu müssen. Sie hat dann lieb lächelnd den Kopf geschüttelt und plötzlich gemeint: „Es sei denn, du schreibst selber ein Gedicht."
Ich glaub, sie hat das eigentlich als Witz gemeint. Aber mir war sofort klar: Ich schreibe ein Gedicht! „O. k.!", habe ich nur gesagt.
„Du willst dich tatsächlich als Poet versuchen?", hat Frau Diepholz gefragt.
Ich habe genickt, obwohl ich keine Ahnung hatte, was ein Poet ist. „Also, ich will lieber ein Gedicht schreiben als eines auswendig zu lernen."
„Schon klar", hat sie gemeint. „Dann bin ich ja mal gespannt."

14

Wir hatten eine Woche Zeit, das Gedicht zu lernen. Also hatte ich eine Woche Zeit, mein Gedicht zu schreiben. Nachmittags zu Hause fing ich sofort an. Ich dachte, ich brauch dafür 'ne halbe Stunde, dann renne ich rüber zu Benny, meinem besten Freund, und wir spielen im Park Fußball. Aber ich bin fast ausgeflippt bei meinen ersten Versuchen, ein Frühlingsgedicht zu schreiben. Mir ist einfach nichts eingefallen. Für die ersten vier Zeilen habe ich fast eine Stunde gebraucht. Und hier das schreckliche Ergebnis:

Der Frühling kommt und es wird wärmer,
das macht den Winter sehr viel ärmer.
Die Blumen wachsen aus der Erde,
und die frisst dann die Schafherde.

Ich hatte die Zeilen gerade fertig, da kommt Nico rein. Man hört sie jetzt immer schon, wenn sie in der Nähe ist, denn sie hat neue Ohrringe, die immer klirren. Ich hab ihr gesagt, jetzt braucht sie gar keine Klingel mehr an ihrem Fahrrad. Nico hat „Hi!" genuschelt, mir über die Schulter geguckt und meine vier Zeilen laut gelesen. Dann ist sie in ein kieksiges

Ups!

Lachen ausgebrochen und hat gesagt: „Ich glaube, dir hat eins von den Schafen in deinem Gedicht das Hirn weggefressen!"
Dann ist sie ab in ihr Zimmer.
Ich habe hinter ihr hergeschrien: „Ein Poet braucht Anerkennung und nicht so blöde Bemerkungen!"
Sie hat die Tür nochmal aufgemacht und zurückgebrüllt:
„Du bist aber kein Poet!"
Konnte es sein, dass meine Schwester wusste, was ein Poet ist? Wenn ja, woher bloß?
Aber das war in dem Moment auch egal, denn in einem hatte Nico auf jeden Fall recht: Das Gedicht war eine Katastrophe, und ich hatte das sichere Gefühl, wenn ich das Frau Diepholz zeige, dann muss ich zur Strafe für den nächsten Tag zwei Gedichte auswendiglernen.

Also was tun?

Ich musste einfach mehr über den Frühling wissen. Ganz einfach, habe ich gedacht, dann googel ich „Frühling" und schon habe ich jede Menge Ideen. Das war aber leider ein Reinfall. Ich hatte zwar elf Millionen Ergebnisse, aber keine Idee.
Ich habe mir ein paar Seiten angeguckt und weiß jetzt, dass es einen Zahnarzt in Quadrat-Ichendorf gibt, der Frühling heißt, und wann er Sprechstunde hat. Es gibt einen „Prager Frühling", bei dem die

Jahreszeit nicht wichtig ist, jede Menge Bilder mit Blumen und ein paar Bücher, die „Frühling" im Titel haben. Welche Klamotten in diesem Frühling in Mode sind, weiß ich jetzt auch. Um es kurz zu machen: Ich hatte tatsächlich nicht eine einzige Idee für ein Frühlingsgedicht.

Ich war mir schon sicher, das wird nichts mehr mit mir als Poet, und ich sollte besser mal gucken, welches der Gedichte, die Frau Diepholz vorgeschlagen hatte, das kürzeste zum Auswendiglernen ist, da kam Mama von der Arbeit. Als sie mein Gesicht sah, hat sie wohl gedacht, ich hab 'ne „5" geschrieben. Ich hab sie schnell beruhigt und ihr dann mein Problem erklärt. Und meine Mutter hatte die Idee, die es dann gebracht hat: „Theo, es ist Frühling draußen. Wenn du wissen willst, was er bedeutet, dann schau ihn dir an. Hör ihn dir an. Riech ihn. Fühl ihn."

Ich hab mir einen Zettel geschnappt und einen Stift, meine Mutter kurz gedrückt (das mache ich nur noch, wenn sonst keiner im Raum ist – außer Papa) und bin raus. Ich bin erstmal ein Stück gelaufen, denn bei uns in der Straße ist nicht viel Frühling. Aber hinter dem Park ist ein kleines Waldstück und dahinter sind die Felder. Da bin ich hin. Als ich da war, hab ich eine Weile gebraucht, aber dann, dann hab ich den Frühling gesehen, und gehört und gerochen und gefühlt. Das war irre. Nach 'ner Weile bin ich wieder nach Hause und dann habe ich mein erstes Gedicht geschrieben. Ich hab doch noch fast zwei Stunden gebraucht, aber als es fertig war, war ich stolz. Es hatte richtig Spaß gemacht – und geht so:

Frühling ist bald, ganz gewiss

Frühling ist bald, ganz gewiss,
wenn Krokus milde Winde küsst,
Gänse längst schon weiterzogen
Kinder ohne Jacken toben,
Kröten träge Straßen queren,
Omas vor den Türen kehren,
Hasen vor den Treckern fliehen,
wo diese sonntags Furchen ziehen,
in Sträuchern tausend Spatzen schwatzen,
Flüsse an den Deichen kratzen,
dann braucht man nicht mehr Schal und Mütze,
nur Gummistiefel für die Pfütze.

Denn hinter Wolkenbergen lauern,
ersehnt von Knospe, Kind und Bauern,
der Sonne lange Frühlingsarme,
sie macht aus kalter Luft nun warme.
Und aus diesem einen Grunde
gibt Mutter Erde duftend Kunde:

Der Frühling kommt zur nächsten Runde.

Richtig erkannt, es hatte am Vortag geregnet. Und ich hatte nur Turnschuhe an. Das mit den Deichen hatte ich aus dem Fernsehen, wo in den Nachrichten Menschen Sandsäcke am Flussufer aufschichteten, um das Wasser von dem ganzen geschmolzenen Schnee in den Bergen aufzuhalten.

Mama fand das Gedicht toll, sie ist fast ausgerastet.

Frau Diepholz hat am nächsten Tag ein bisschen gestottert vor Begeisterung.

Und der Hammer war:

Weil ich so lange an dem Gedicht herumgeschrieben hatte, bis es fertig war, konnte ich es auswendig vortragen – nach einem Tag.

Ja, so hat das angefangen mit dem Dichten. Denn Frau Diepholz hat gesagt, sie wünscht sich von mir jeden Monat mindestens ein Gedicht. Sie hat mir dieses schöne Buch mit lauter leeren Seiten in die Hand gedrückt. Darauf hatte sie geschrieben: „Gedichte" und darunter „Von Theo, dem Poeten". Sie will auch, dass ich erzähle, warum ich welches Gedicht schreibe. Zum Beispiel, wie ich auf das Frühlings-Gedicht gekommen bin und wie ich mir Ideen geholt habe.

Ich hab erst gedacht: „Na, schauen wir mal, ob das was wird mit dem Gedichteschreiben, so auf Dauer! Und außerdem sind nächsten Monat schon Ferien, danach hat Frau Diepholz das auch vergessen."

Aber ein paar Tage später war mal wieder so ein herrlich chaotisches Frühstück bei uns zu Hause. Das habe ich mir ungefähr so angeguckt wie vorher den Frühling. Und plötzlich war das gar nicht mehr schwer, daraus ein Gedicht zu machen.

19

Tricks zum Auswendiglernen
von Frau Diepholz

Lerne erst <u>einzelne</u> Zeilen, dann die Strophen (bzw. Abschnitte).

Lerne mit jemandem <u>gemeinsam</u>. Teilt euch die Strophen oder einzelne Zeilen auf. Übt den Vortrag gemeinsam.

Decke die rechte Seite des Gedichtes mit einem Blatt ab. Bei jedem Lerndurchgang schiebst du das Blatt ein bisschen weiter nach links, bis das Gedicht nicht mehr zu sehen ist.

Erfinde zu einigen oder allen Teilen des Gedichtes Bewegungen und führe sie beim Lesen aus. (Sie sollten allerdings auch zum Inhalt des Gedichtes passen.)

Schließe beim Lesen des Gedichtes ab und zu die Augen. Halte bei jedem Durchgang die Augen ein bisschen öfter und ein bisschen länger geschlossen.

Lyrik ist ein anderes Wort für **Gedichte.** Gedichte kann man erkennen: am <u>Reim</u> – am <u>Rhythmus</u> – an den <u>Strophen</u>. Aber ein Gedicht muss nicht alle diese Merkmale aufweisen, um ein Gedicht zu sein.

Da hast du was zum Lernen, Brüderchen!!!

Bis zum Ende des 19. Jahrhunderts bezeichnete man mit dem Wort **Poet** Autoren, Schriftsteller und Dichter. Danach kam es aus der Mode. Heute verwendet man das Wort eher im Scherz.

...ehe beim Auswendiglernen ...n bisschen auf und ab und ...püre, ob du dann besser ...rnen kannst.

Suche dir einen <u>ruhigen Platz</u> in der Schule oder zu Hause. Man kann nicht auswendiglernen, wenn man dauernd abgelenkt wird.

3. Ohne Sondereinsatzkommando, aber mit erfundener Mama

Sonntags-Frühstück

Das bedeutet Hektik bei uns zu Hause.

Weil Papa es immer „ganz gemütlich" haben will, wie er sagt.
Das bedeutet allerdings für alle anderen Stress. Er will, dass wir
gemeinsam frühstücken.
Das ist schwierig, weil er selber schon um 7 Uhr aufsteht.
„Das kannst du knicken!", hat Nicola zu Papa gesagt.
Klar, sie braucht schon fast 'ne Stunde im Badezimmer, da
müsste sie um 6 aufstehen. Doch nicht Nicola. Die würde
gar nicht aufstehen, wenn sie nicht müsste.

Papa bietet sich immer großzügig an, die Brötchen beim Bäcker
zu holen, aber ich weiß, er macht das, weil er dann wieder ein
bisschen Ruhe hat. Ich bin ziemlich laut, weil ich morgens nach
dem Aufstehen immer direkt aufs Klo muss. Aber das blockiert
Nicola. Also haue ich gegen die Türe und schreie: „Nicola,
das Sondereinsatzkommando der Polizei bricht jetzt die Badezimmertüre auf. Zieh dir schnell was an!"

Ich habe Mama gefragt, ob Nicola nicht einfach ins Bad umziehen kann, mit Bett und Schreibtisch und allen Klamotten, und wir duschen und pinkeln in Nicolas Zimmer. Mama hat was von „witzig, witzig" gemurmelt und dann selber gegen die Badezimmertüre gehämmert. Mama möchte nämlich morgens auch gerne duschen.

Wenn Papa dann mit der Brötchentüte zurückkommt, ruft er fröhlich: „Na, Frühstück fertig?" und wundert sich, wenn alle nur aufstöhnen, also alle außer Nicola, denn die bekommt davon nichts mit unter der Dusche.

Irgendwann, wie durch ein Wunder, sitzen doch alle am Tisch, da ist es aber schon 10 Uhr oder später, und dann geht es erst richtig los.
Ich hab ein Gedicht darüber geschrieben, direkt nach so einem Frühstück, obwohl ich dann immer völlig erschöpft bin.

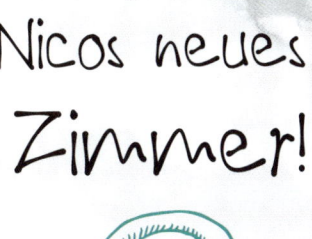

Nicos neues Zimmer!

23

Das Sonntags-Frühstück

Morgens, wenn der Kessel pfeift,
Mama nach den Brötchen greift,
sagt der Papa: Kaffee her!
Mama murmelt: Bitte sehr!

Honig tropft von Nicos Messer,
Theo ist ein Müsli-Esser,
schüttet Milch knapp neben Schüssel,
Mama schimpft: Du kleiner Dussel!

Im Brötchenkorb kein Brötchen mehr,
gib mal von dem Toastbrot her!
Der Käse riecht nach Papas Füßen.
Lümmel, du, das wirst du büßen!

Theo köpft mit einem Schrei
auf einen Schlag das Hühnerei,
das sich in Teilen nun ergießt,
indem es übers Tischtuch fließt.

Mama schlürft aus Kaffeetasse,
an Theos Wange Schokomasse,
der Papa deckt den Käse zu.
Nico seufzt: Na endlich, du!

Ach, was haben wir es gut,
jauchzt Papa voller Übermut.
Die Mama stöhnend nickt dazu:
Morgen hab ich wieder Ruh …

Mama hat gelächelt, als ich ihr das Gedicht vorgelesen habe.
Dann hat sie mich gefragt: „Was meinst du mit ‚Morgen hab
ich wieder Ruh'‘?"
„Ach Mama, du hast doch immer am Wochenende den
meisten Stress", habe ich geantwortet. „Da bist du froh,
wenn wir montags wieder alle weg sind."
Mama muss nämlich zuletzt los zur Arbeit.
„Also den Stress, den hab ich gerne", hat sie da gesagt. „Hier
ist immer Leben in der Bude. Ohne euer Gewusel würde mir
echt was fehlen." Dann hat sie mir omahaft über den Kopf
gestreichelt.

Aber ich habe die letzte Zeile so gelassen. Dann ist das in
meinem Gedicht eben 'ne erfundene Mama.

Nachmittags habe ich mich dann noch mit Benny getroffen.
Den hatte ich in der Woche wegen meines Frühlings-Gedichtes
doch versetzen müssen. Und er hat mir an dem Nachmittag
sogar ein Geschenk gemacht. Und daraus entstand dann mein
drittes Gedicht.

Meine Frühstücks-Collage

4. Die Eieruhr als Retter

Nachmittags habe ich mit Benny im Park Fußball gespielt. Benny ist mein allerbester Freund, und wir hängen ganz viel zusammen rum. Er war auch gar nicht sauer, dass ich ihn letzte Woche versetzt hatte. Nach dem Fußballspielen sind wir noch zu ihm nach Hause. Da hat er mir seine neue Playstation gezeigt. Die hat er sich von seinem ersparten Taschengeld gekauft. Und fünf neue Spiele. Wir haben 'ne Weile zusammen darauf gespielt. Als ich wieder nach Hause musste, drückte er mir seinen alten Nintendo DS in die Hand und eine kleine Tüte mit ganz vielen Spielen und sagte: „Hier, schenk ich dir. Brauch ich nicht mehr, ich hab ja jetzt was Neues."

Ich war echt sprachlos. Dann bin ich damit nach Hause. Ich wusste, das konnte jetzt ein Problem geben. Meine Eltern würden mir nämlich leider nie ein Computerspiel oder sowas kaufen. Und jetzt hatte ich eins.

Mama hat geseufzt, Papa hat irgendwas von „Das geht doch nicht ..." gesagt, aber Mama hat ihm die Hand auf den Mund gelegt und gemeint: „Er hat das Ding geschenkt bekommen. Jetzt lass ihn."

In den nächsten Tagen habe ich dann alle Spiele aus der Tüte ausprobiert. Mama hat darauf geachtet, dass ich das „Ding", wie es meine Eltern nur nennen, erst nach den Hausaufgaben anfasse. Ich musste es zudem vor Nicola verstecken. Als sie es gesehen hatte, kreischte sie nur „Geil!" und griff mit ihren neuerdings lila bemalten Fingernägeln danach. Ich hab geschrien: „Ey, du machst Kratzer auf den Bildschirm mit deinen langen Nägeln!"

Das ging so 'ne Woche – also das mit den Nintendo DS-Spielen, nicht das Gekreische von Nicola – da passierte was Seltsames: Ich konnte immer schwerer aufhören mit dem Zocken. Ich hab irgendwann zu mir gesagt: „So, noch ein Spiel und dann geh ich zu Benny oder auf den Fußballplatz!" oder so. Aber wenn ich das Spiel durchhatte, hab ich gedacht: „Ach, was soll's, eins noch." Und manchmal habe ich das dann ganz oft zu mir gesagt. Und manchmal habe ich noch 'ne ganze Stunde gespielt. Oder noch länger. Es war fast so, als würde mein Hirn an dem „Ding" festkleben.

Und dann kam ein Satz von Papa, der hat mich umgehauen. Er hat ihn zu Mama gesagt, und ganz sicher wollte er nicht, dass ihn Nicola oder ich hören konnten:

„Theo hat dieses Spielding inzwischen !!! länger in der Hand als Nicola ihr Handy."

29

Und dann habe ich mit Schrecken begriffen, dass ich die ganze Woche nachmittags nix anderes gemacht hatte, als Nintendo DS zu spielen. Ich hatte kein einziges Gedicht mehr geschrieben, mich nicht mit Benny getroffen, war nicht mit dem Fahrrad rumgefahren, nix ... Nur ein Spiel nach dem anderen gemacht. Plötzlich ging's mir richtig schlecht. Und ich hab den Nintendo DS in die Schublade gelegt, mit den ganzen Spielen, und ein Gedicht darüber geschrieben, was das für ein Gefühl ist. Ich hab unendlich lange auf dem Sofa im Wohnzimmer gelegen und darüber nachgedacht, wie ich dieses Festkleben von meinem Hirn an dem Nintendo DS eigentlich aufschreiben sollte. Keine Ahnung, ob ich es geschafft habe, das Gedicht geht jedenfalls so:

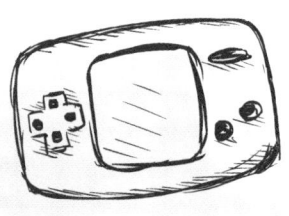

Ich hab „Computer" statt „Nintendo DS" geschrieben. Warum? Eigentlich nur, weil das besser passte von den Silben und der Betonung und dem Rhythmus. Aber eigentlich passt es sowieso besser. Ganz nebenbei habe ich auch was ganz Komisches begriffen: Wenn man auf eine Idee wartet, dann darf man nix anderes tun. Nicht fernsehen und halt auch nicht auf dem Computer oder so spielen.

Man muss richtig gelangweilt rumhängen. Und nach einer Weile kommen dann Ideen. Irre!

Ich hab kurz überlegt, Benny den Nintendo DS zurückzugeben, aber das hab ich nicht geschafft. Weil es echt auch Spaß

Flucht vor Langeweile

Manchmal hab ich große Eile
auf der Flucht vor Langeweile.

Hab keine Lust, mich zu bewegen,
will auch nicht auf dem Sofa liegen.

Ich denke dann: Was kann ich machen?
Ach, lass ich's am Computer krachen.
Au ja, auf dem Computer spielen,
spiele irgendeins von vielen.
Spiele, spiele viele Stunden,
auf Level Vier noch Bonusrunden.

Und nach vielen, vielen Stunden
ist die Langeweile verschwunden.

Doch weg bleibt sie nur eine Weile,
kommt mit immer größerer Eile,
wenn ich einfach mal da sitze
und nicht vorm Computer schwitze.

Kann gar nicht weg mehr von
dem Kasten,
nicht mehr rasten,

immer will die Langeweile nach mir
tasten.

Ich frag mich manchmal, was geschähe,
wenn ich ihr in die Augen sähe ...

macht zu spielen. Ich leih mir jetzt immer die Eieruhr von
Mama aus der Küche. Und wenn es klingelt, spiele ich das
Spiel noch zu Ende und Schluss. Das klappt ganz gut. Aber
gestern habe ich gar nicht gespielt, weil Nicola weinend
nach Hause gekommen ist. Darüber schreibe ich morgen.

Mein persönlicher Computerplan

Langeweile ist ein Trick
der Natur, uns zu Taten
anzuspornen.

© Friedrich Löchner (1915 – 2013), Pseudonym:
Erich Ellinger, deutscher Pädagoge, Dichter
und Autor

Langeweile ist die
Windstille der Seele.

Friedrich Wilhelm Nietzsche (1844 – 1900),
deutscher Philosoph, Essayist, Lyriker und Schriftsteller

Langeweile hat alle
Künste des Schönen und
allen Luxus erschaffen.

Karl Julius Weber (1767 – 1832), deutscher Jurist,
Privatgelehrter und Schriftsteller

Ich spiele folgende Computerspiele:	So lange spiele ich das Spiel pro Woche:		
	pro Tag:	am Wochenende:	insgesamt:
Spiel			
Spiel			
Spiel			
Spiel			

Die Zeit, die ich mit Spielen verbringe, ist:	○ zu lang ○ lang ○ genau richtig ○ zu kurz
Mein Zeitplan für Spiele in der Woche vom _____ : _____ Stunden.	
Kontrolle durch:	○ Uhr ○ Handy ○ Eieruhr ○ Mama oder Papa

Liebeskummer wegen eines Schrubbers

Nico hat Liebeskummer.

Es hat gedauert, bis wir, also meine Eltern und ich, wussten, was
mit ihr los war. Ich hatte in meinem Zimmer Mathe geübt – wir
schreiben bald eine Arbeit – als ich hörte, wie die Wohnungstüre
aufging. In dem Moment fing es an. Ich hab zuerst gedacht, auf
den Dächern bei uns im Viertel werden die Sirenen ausprobiert.
Im Hintergrund hörte ich auch das Klingeln von Nicos Ohr-
hängern. Aber dann klang es aus dem Flur eher wie ein
hungriges Wolfsrudel, etwa so:

WIIIIEHAAAAAAHUUUUUUH
AUUUUUUUUU

Ich sprang auf und wollte nachsehen. Wann hat man schon
Wölfe in der Wohnung? Nee, Scherz beiseite. Es war Nicola.
Sie stand in der Mitte des Flurs. Mama lief auf sie zu und sagte:
„Kind, was ist los? Hast du dich verletzt? Was ist nur? Sprich!"
Dabei nahm sie Nicolas Kopf in ihre Hände. Es war fast ein
Wunder, dass Mama Nicola erkannt hatte, denn sie sah richtig
gruselig aus. Wie ein Indianer in Kriegsbemalung.
Ihre Schminke war vom Heulen verschmiert und es liefen
schwarze Streifen durch ihr Gesicht. Ihre Augen waren so rot,
als wären sie entzündet, und immer machte sie weiter

WIIIIEHAAAAAAHUUUUUUH
AUUUUUUUUUH

Ich stand ratlos 'rum und wusste nicht, was ich tun sollte.
Nico tat mir total leid. Nun schlang sie ihre Arme um Mamas
Hals und legte ihren Kopf an deren Schulter. Ich sah, wie an
der Stelle Mamas T-Shirt nass wurde.
Aber plötzlich lösten sich aus dem Schluchzen einzelne
Wörter: „Schwein … Schluss ... blöder … gemein … blödes …"
Ich meinte, auch andere Wörter zu verstehen, aber die wollte
ich doch nicht aufschreiben. Und dann kam das wichtigste
Wort:

PATRICK

Den kenne ich.
Das ist Nicos Freund.
Äh, ich muss mich korrigieren: Er war wohl Nicos Freund.

Er hatte Schluss gemacht. Meine Schwester geht – äh ging –
mit Patrick seit zwei Monaten. Er kam immer mal vorbei, um
Nico abzuholen. Ich konnte ihn nicht leiden. Zum einen hatte
er eine Frisur, die aussah wie ein Schrubber, mit dem man immer
nur in eine Richtung geschrubbt hat, und zu mir sagte er immer
Sachen so ähnlich wie: „Na, Kleiner, was läuft?" Er fand sich so
cool, dass man in seiner Nähe Schüttelfrost bekommen konnte.

Meine Schwester tat mir total leid.
Wann hatte ich sie das letzte Mal so traurig gesehen?
Keine Ahnung. Und das nur wegen diesem doofen Schrubber.

Na, Kleiner, was läuft?

Mama und Nico sind dann in Nicos Zimmer und haben miteinander geredet. Ich hab aber nix verstanden. Ich hab weiter Mathe in der Küche geübt. Später kam Papa von der Arbeit und setzte sich auch in die Küche. Als Nico zur Toilette ging, hat er auch mit ihr gesprochen. Mama hatte natürlich schon mit ihm telefoniert und er wusste Bescheid. Da sagte er zu Nico: „Ach, mach dir nichts draus. Andere Mütter haben auch nette Söhne." Daraufhin ist wieder Nicos Sirene losgegangen, sie ist in ihr Zimmer gerannt und hat die Musik laut aufgedreht.

Mama hat zu Papa nur gesagt: „Das war aber ein echt dämlicher Spruch." Papa schaute total hilflos aus der Wäsche und sagte: „Ich wollte sie doch nur ein bisschen aufmuntern." Ich hab dann überlegt, wie ich meine Schwester auf andere Gedanken bringen kann und hab ihr einen Apfel geschält und in kleine Teile geschnitten. Die hab ich ihr auf einem Teller ins Zimmer gebracht.

„Hier", habe ich gesagt und ihr den Teller hingehalten. „Damit du nicht verhungerst."

„Ich hab keinen Hunger", hat sie schluchzend rausgebracht. Wir mussten beide fast schreien, denn die Musik aus ihrem CD-Spieler war einfach irre laut.

Ich hab ihr den Teller neben das Bett gestellt, auf dem sie lag – und war schon fast wieder draußen.

Da dreht sie die Musik leiser,
schaut auf den Teller und sagt tatsächlich:
„Danke, Theo." Ich bin lächelnd raus und sie hat die
Musik wieder aufgedreht.

Nee, ich habe danach kein Gedicht über Liebeskummer
geschrieben. Ich habe an dem Nachmittag auch nicht mehr
Mathe geübt. Ich bin noch ein bisschen mit dem Fahrrad durch
die Gegend gerast und mal bei Benny vorbei, aber der war
nicht zu Hause.
Als ich später zurückkam, dröhnte die Musik immer noch aus
Nicos Zimmer. Mama und Papa sind immer mal bei Nico rein,
aber es wummerte eigentlich konstant weiter durch die Wände.
Nun hab ich mein Zimmer neben Nico. Als ich abends im Bett
lag, wusste ich, ich habe Null Chance, einzuschlafen. Ich hab
gegen die Wand gedonnert, da wurde das Bumm-bumm etwas
leiser. An Schlafen war aber einfach nicht zu denken. Ich hab
versucht, den Krach auszuhalten, weil sie die Musik jetzt wohl
unbedingt brauchte, um diesen Patrick aus ihrem Kopf – und
aus ihrem Herzen – zu hämmern. Irgendwann bin ich dann
doch rüber zu Nico. Eigentlich wollte ich sie bitten, die Musik
auszustellen. Aber als ich sie so daliegen sah auf dem Bett,
immer noch in ihren Klamotten, und immer noch mit der
Kriegsbemalung im Gesicht, tat sie mir unendlich leid.
Ich hab mich neben sie aufs Bett gelegt und gefragt, ob ich
was für sie tun kann. Da hat sie den CD-Spieler ausgeschaltet
und sich zu mir gedreht. Dann hat sie ihren Kopf auf meine Brust

37

gelegt und gesagt: „Ja, am besten die Klappe halten."
Drei Minuten später war sie eingeschlafen. Ich habe mich nicht
gemuckst, aus Sorge, sie wieder aufzuwecken. Aber selber
schlafen konnte ich nicht. Nach ungefähr zwei Stunden tat mir
der Rücken weh. Vorsichtig und langsam habe ich mich aus
dem Zimmer gestohlen. Nico hat nichts gemerkt und weiter-
gepennt.

Jetzt war es ruhig. Aber ich konnte trotzdem immer noch
nicht einschlafen. Nachdem ich mich eine Weile im Bett
herumgewälzt hatte, bin ich wieder aufgestanden. Draußen
dämmerte schon der Morgen. Da habe ich meine Jacke
genommen und bin raus. Ich bin in die Richtung gegangen,
wo ich den Frühling gesehen und gerochen hatte. Und nun
konnte ich den Morgen sehen. So früh war ich ja lange nicht
mehr auf gewesen. (Ich schlafe echt gerne lange.) Das Licht
war so besonders. Und es war still. Man hörte nur ein paar
Vögel. Ich bin an einen kleinen Teich gekommen und da
standen Reiher mit ihren langen Beinen reglos im Wasser.
Über dem Wasser schwebten dünne Nebelschwaden ...
Es war so eine Wahnsinnsatmosphäre an diesem
Morgen ... ich wollte die unbedingt festhalten.
Warum nicht in einem Gedicht?!
Ich bin nach Hause gerannt und hab's versucht.
Und das ist daraus geworden:

Als ich gerade fertig war, kam Leben in die Bude. Mama und Papa standen auf. Bei Nico im Zimmer machte es wieder Bumm-bumm aus dem CD-Spieler, in der Küche hörte man die Kaffeemaschine gurgeln.

Dann Papas Rufen: „Nico, lass mich bitte ins Bad, ich muss gleich zur Arbeit!"
Dann Nicos gedämpfte Erwiderung aus dem Bad: „Ich bin verzweifelt und da kann ich so lange duschen, wie ich will!"

Ich dachte, nach der langen Nacht hat sie Patrick, den Schrubber, vergessen. Aber nix da, sie leidet wohl immer noch. Muss das blöd sein mit dem Verliebtsein, besonders, wenn einer von beiden nicht mehr verliebt ist.

Der Morgen

Die Sonne drängt sich in das Dunkel,
der graue Himmel färbt sich blau.
In die Wipfel wuselt Leben,
von den Blättern tropft der Tau.

Wiesen stehen still verschleiert,
feuchte Ruhe auf dem Feld.
Nur der Reiher hat sich wachsam
in den kalten Bach gestellt.

Und die Glocke auf dem Kirchturm
mahnt die Menschen: Es ist Zeit.
Der Tag liegt vor euch,

weit,
ganz weit.

Ich werde mich nie verlieben, da bin ich sicher.
Aber vielleicht bin ich ja schon ein bisschen verliebt.

Gedichte von Goethe und Claudius

Johann Wolfgang von Goethe (1749 – 1823) ist einer der bedeutendsten deutschsprachigen Schriftsteller. Er schrieb Gedichte (Der Erlkönig), Romane, Theaterstücke (Faust) und auch wissenschaftliche Texte und hat zudem als Jurist und Politiker gewirkt. Einige berühmte Gedichte von ihm: „Der Erlkönig", „Der Zauberlehrling", „Heideröslein".

Ein Gleiches

Über allen Gipfeln
Ist Ruh,
In allen Wipfeln
Spürest du
Kaum einen Hauch;
Die Vögelein schweigen im Walde,
Warte nur, balde
Ruhest du auch.

Matthias Claudius (1740 – 1815), lebte zur selben Zeit wie Goethe und war vor allem durch seine volksliedhaften Gedichte bekannt, von denen einige vertont wurden: „Der Tod und das Mädchen" von Joseph Haydn, „Urians Reise um die Welt" von Ludwig van Beethoven oder „Der Mond ist aufgegangen" von Johann Abraham Peter Schulz, das zu einem der bekanntesten Volkslieder (Abendlieder) in Deutschland geworden ist.

Abendlied (Ausschnitt)

Der Mond ist aufgegangen,
Die gold'nen Sternlein prangen
Am Himmel hell und klar;
Der Wald steht schwarz und schweiget,
Und aus den Wiesen steiget
Der weiße Nebel wunderbar.

Sehr ihr den Mond dort stehen?
Er ist nur halb zu sehen
und ist doch rund und schön.
So sind wohl manche Sachen,
die wir getrost belachen,
weil unsre Augen sie nicht sehn.

6. Hin und weg, aber nicht verliebt

So, jetzt ist es raus.

Sie heißt übrigens Antje, und sie ist in meiner Klasse.
Ich bin nicht wirklich verliebt, echt nicht, aber ich finde sie nett.

Einfach auch, weil sie viel netter als die anderen Mädchen in der Klasse ist.

Die sind alle doof, laut, piepsig, und reden nur über Schuhe, Handtaschen oder Jungs.
Und dann kichern sie so blöd.

Echt nervend.

Antje ist anders!
Sie redet auch mal mit Jungs, und auch mit mir.
Ich finde es allerdings schwer, mit Mädchen zu reden.

Worüber? Ich hab keine Handtasche und genau ein einziges Paar Schuhe (klar, und Fußballschuhe und Hallen-turnschuhe).

Ich gucke Antje aber gerne an, wenn sie lacht. Wenn sie zu mir rüberguckt, dann gucke ich natürlich schnell weg, damit sie nicht merkt, dass ich sie angucke. Das mit dem Gucken ist richtiger Stress. Aber erst muss man ja gucken und dann reden.

Und wie geht's weiter?
Ich weiß eigentlich gar nicht, wie Jungs und Mädchen Paare werden.
Fragt dann einer den anderen:

Sollen wir ein Paar sein?

Oder wie?

Ich hab das mit Benny besprochen. Und der hat mir erzählt, dass sein Vater Bennys Mutter mit dem Auto angefahren hat. Also nicht schlimm angefahren, nur so ein ganz kleines bisschen gestreift, auf einem Parkplatz. Er hat sich entschuldigt und sie auf einen Kaffee eingeladen. „Wenn dein Vater nicht so ein Traumtänzer am Steuer wäre, dann gäb's dich jetzt nicht", hat dann Bennys Mama noch gesagt und danach hätte sie ganz laut gelacht.

43

Ich weiß gar nicht, wie sich meine Mama und mein Papa
kennengelernt haben.
Ist schon ein komischer Gedanke, dass sie sich irgendwann
noch nicht gekannt haben. Ich habe halt das Gefühl, sie
kennen sich schon immer.

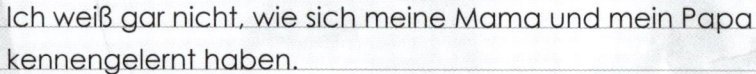

*Ob ich Antje mal mit dem Fahrrad anfahren soll,
natürlich auch nur ganz leicht?
Aber ich mag keinen Kaffee. Vielleicht ein Eis?*

Jedenfalls saß sie – ich meine Antje, klar – heute Morgen in der
Schule wieder so schräg vor mir, dass ich sie sehen konnte, aber
sie musste sich umdrehen, wenn sie mich sehen wollte. Und
warum hätte sie das tun sollen? Und dann habe ich mich
gefragt:
Was mache ich denn, wenn sie sich jetzt nach mir umschaut?
Soll ich dann weitergucken? Oder weggucken? Lächeln?
Zunge rausstrecken? Cool tun (so wie der blöde Patrick von
meiner Schwester)? Und wenn ich ihr zulächle und das sieht
einer? Womöglich eins von den anderen Mädchen? Oder
noch schlimmer: Einer von den anderen Jungs in der Klasse?
Der erzählt das doch sofort jedem ...

War aber alles kein Problem, denn sie hat sich nicht umgedreht
zu mir. Was irgendwie auch schade ist.
Genau genommen ist es saublöd.

Wieso dreht sie sich nicht nach mir um?

Weiß sie eigentlich, dass ich in ihrer Klasse bin?

Wie sie mich wohl findet?

So blöd wie alle Mädchen die allermeisten anderen Jungs finden?

Welche Jungs finden Mädchen eigentlich toll?

Es wäre einfach gut, wenn man das als Junge wüsste.
Mir würde eigentlich schon reichen, wenn ich wüsste,
ob Antje mich toll findet. Oder wenigstens nett.
Ich wollte sie dann heute unbedingt wenigstens einmal an-
quatschen. Irgendwas mit ihr reden. Und dass sie dann vielleicht
lächelt oder so ... Aber was sollte ich zu ihr sagen? Ich hätte
ausflippen können, weil ich alle Ideen blöd fand:

Hallo! Na, wie geht's? Was machst du heute?

Frau Diepholz hat an dem Morgen ganz viel zur Mathearbeit
gesagt. Aber ich habe kein Wort mitbekommen, so doll war
ich mit Antje beschäftigt. Richtig geistig weg war ich. Das ist
ein blödes Gefühl. Ob so das Verliebtsein-Gefühl ist? Dass man
nix mitbekommt? Hat deshalb Bennys Vater Bennys Mutter angefahren? Weil er verliebt war? Nee, geht nicht, da kannte er
sie ja noch nicht.

45

Theo,
der Träumer

Puh, kompliziert mit dem Verliebtsein.

Ich bin wahrscheinlich nicht verliebt, sondern nur unaufmerksam. „So ein Träumer", wie Mama immer sagt. Oder „ein süßer kleiner Penner", wie Nico manchmal meint, wobei sie dann gerne anfügt „und leider mein Bruder". Na ja, ich bin ja auch meistens nicht nett zu ihr. Sowas wie mit dem Apfel ist bei mir eher eine Ausnahme. Ich hätte eigentlich lieber einen großen Bruder gehabt, der mich beschützen kann, wenn mich andere Jungs auf der Straße anmachen ...

Ach was, Nico ist o. k., und im Moment tut sie mir echt leid.
Sie hat sich heute morgen zur Schule geschleppt.
Zum Glück ist der Schrubber nicht bei ihr in der Klasse.
So muss sie ihn wenigstens nicht sehen.

Irgendwann hatte ich einen Knoten im Hirn vom „An-Antje-Denken". Frau Diepholz zuhören konnte ich auch nicht. Da habe ich mein erstes Gedicht in der Schule geschrieben. Und inzwischen weiß ich, ein bisschen muss ein Gedicht so sein, dass es auch andere lesen können, die mich nicht kennen. Deshalb habe ich auch nicht genau so erzählt, wie das mit Antje für mich ist, sondern mir jemand anderen vorgestellt.

Das ist irgendein Mädchen oder irgendeinJunge, der an irgendein Mädchen oder irgendeinen Jungen denkt:

Heute in der ersten Stunde

Heute in der ersten Stunde
hab ich einen Blick riskiert,
ganz verstohlen von der Seite.
Hätt am liebsten hingestiert.

Hast es endlich doch gemerkt,
war's ein Lächeln? Weiß es nicht.
Hinsehn, wegsehn, hin und weg,
huh, wie mir der Magen sticht!

Habe gestern aus Versehen
extra dich am Arm berührt.
Wenn's nur heute auf dem Schulhof
auch vielleicht nochmal passiert ...

Wann trau ich mich, dir zu sagen:
Weißt du was, ich find dich nett!
Und egal, was du dann tust,
glaub ich, lauf ich erstmal weg!

Also eigentlich hat das Gedicht auch schon deshalb nichts mit
mir zu tun, weil ich ja nicht in Antje verliebt bin.

Ich finde sie eben nett
und ich denke gerne an sie.

Das erzähle ich noch nicht einmal Benny. Obwohl, am nächsten
Tag war ich kurz davor. Aber dann ist uns eine total alberne Idee
gekommen.

47

Interessantes zu Liebes-Lyrik

Es gibt unendlich viele Gedichte. Schon vor Tausenden von Jahren haben Menschen gedichtet. Und das wichtigste Thema der Dichter war und ist die Liebe. Die ersten bedeutsamen Liebes-Gedichte entstanden schon im 12. Jahrhundert. Minnesänger dichteten sie und sangen sie.

Wert der Anmut

(Auszug)

Herzgeliebtes Mägdelein,
Gott segne dich zu jeder Zeit! -
Könnt' mein Wunsch noch inn'ger sein,
Wär' ich auch dazu gern bereit.
Was kann ich aber sagen mehr,
Als daß dir niemand holder sei?
Wie macht mir das mein Herz oft schwer!

Manche tadeln mich, daß ich
So Niederm widme meinen Sang;
Doch, wer nicht auf Anmut sich
Versteht, dem bleib' es ohne Dank!
Sie empfanden Anmut nie,
Die da nach Geld und Schönheit lieben;
ach, wie traurig lieben sie!

Schönheit täuscht und bringt oft Schmerz,
Drum folg' ihr keiner allzu jach;
Anmut nur erfreut das Herz,
Und weit steht ihr die Schönheit nach.
Anmut nur macht schön das Weib;
Das kann die Schönheit niemals thun,
anmutig macht sie nie den Leib.

Walther von der Vogelweide

Anmut:
Schönheit des
Ausdrucks und
der Bewegung

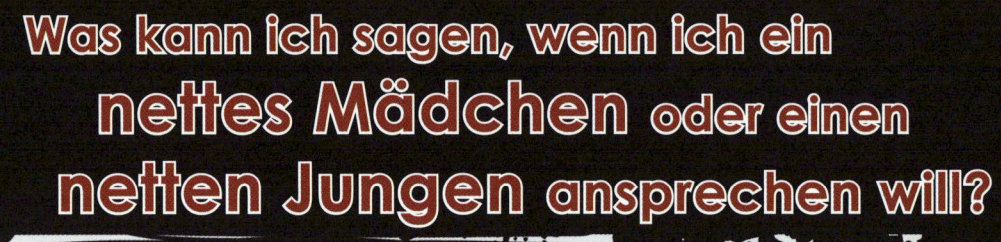

Was kann ich sagen, wenn ich ein **nettes Mädchen** oder einen **netten Jungen** ansprechen will?

7. Kitzelattacken mit Reimwort

Nachmittags bin ich rüber zu Benny. Wir wollten zusammen Mathe üben. Ich hatte vorgeschlagen, erstmal 'ne Runde mit seiner neuen Playstation zu spielen. Meine Eltern würden so was nicht dulden vor dem Lernen. Aber bei Benny geht das. Seine Eltern sind anders drauf. Ich war ganz schön platt, als er mir sagte: „Geht nicht, die haben meine Eltern für eine Woche einkassiert."

„Warum?", habe ich gefragt. Er hatte einen total gestressten Blick drauf, als er antwortete: „Ich soll erst die Mathearbeit schaffen. Sie machen sich Sorgen, dass ich nicht genug übe." Wir haben sehr fleißig geübt. Ehrlich, bis uns die Köpfe rauchten. Alle Übungen von Frau Diepholz haben wir nochmal gerechnet, sogar die alten Aufgaben. Am Ende haben wir noch Mathe-arbeiten zu dem Thema im Internet gesucht, ausgedruckt und dann gelöst.

„Also wenn wir die Mathearbeit versemmeln, müssen wir strohdoof sein", meinte Benny. Da hatte er recht. Und ich fand auch, es lenkte schön ab. Ich musste während des ganzen Rechnens nicht ein einziges Mal an Antje denken. Leider fiel sie mir jetzt sofort wieder ein.

„Sollen wir zu dir fahren und mit dem alten Nintendo DS spielen?", fragte Benny.

„Lieber nicht. Jetzt ist meine Schwester von der Schule zurück, und dann klingt die ganze Bude nach Sirenen, Klingeln, Wolfsgeheule und es macht Bumm-bumm."

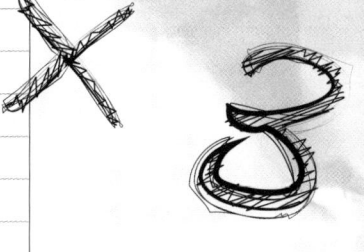

Benny guckte mich an, als hätte ich sie nicht alle.

„Sie hat Liebeskummer", erklärte ich.

„Ach so", sagte er nur. Benny ist manchmal auch total cool.
Aber netter cool als Patrick. Benny hat aber auch keine
bescheuerte Frisur.

„Bist du verknallt in jemanden?", fragte ich.

Benny glotzte mich an, dann grinste er und sagte: „Für die
Ehe bin ich noch zu klein", und prustete los. „Du?"

„Nein!", schrie ich fast.

„Könnte doch sein." Er schaute mich an.

„Das reimt sich", sagte ich, um abzulenken.

„Was?"

„Unsere Wörter: Zu klein – nein – könnte doch sein."

„Das ist ja fein", meinte Benny. „Bist du verliebt? Ich frag nur
so allgemein."

„Nein, nein, nein, das kann nicht sein." Irre, was uns an Reimen
einfiel. Einfach so, ohne groß nachzudenken.

Benny schaute mich ernst an und sagte: „Ich seh's doch an
deinen Äugelein."

„Ich schwör dir Stein und Bein ..."

„Komm red schon, sei nicht so gemein! Ist es vielleicht das
Antjelein?", fragte er und für den Blick hätte ich ihm echt eine
reinhauen können, wenn er nicht mein bester Freund wäre.

„Frag nicht! Sei kein Schwein!", bettelte ich.

„Nun sag schon, los!", schrie Benny jetzt und stürzte sich auf
mich. „Gestehe! Gestehe!", brüllte er dabei.

Wir flogen auf sein Bett, rollten auf den Boden, über unsere Mathehefte und kicherten und versuchten, den anderen zu kitzeln oder ihn unter sich zu bringen. Dabei kreischten wir immer lauter. Ich brüllte: „Nein! Nein! Nein!", und wehrte mich nach Leibeskräften gegen seine Kitzelattacken. Irgendwann kniete er auf mir. Ich konnte mich kaum bewegen.
„Du bist schwer wie ein Stein", brachte ich heraus.
Und er antwortete mit grollender Stimme: „Das ist jetzt deine Höllenpein!"
„Runter, du Schwein!"
„Sprich erst: Was ist das mit dem Antjelein?"

Während ich mit aller Kraft versuchte, ihn von mir runter-
zudrücken, presste ich heraus: „Friedensangebot: Wir machen ein Gedicht aus unseren Reimwörtern. Danach erzähle ich dir alles." Meine Hoffnung war natürlich: Wenn wir fertig mit dem Gedicht sind, hat er das mit Antje vergessen.
„Ehrenwort?", fragte er und richtete drohend seine Finger auf meinen Bauch.
„Jaaaa", stöhnte ich. Da stieg er endlich von mir runter.
„Sind Gedichte nicht was für Mädchen?", hat Benny gefragt. Und ich dachte: „Immerhin meint er nicht, die sind was für Omas, wie Nico."
Ich sagte: „Wir haben doch schon die ganze Zeit gedichtet, wir haben es nur noch nicht aufgeschrieben."

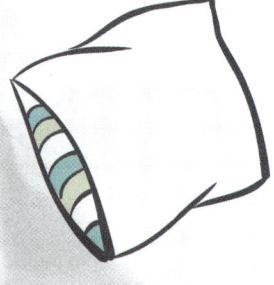

Wir haben tatsächlich zusammen ein Gedicht geschrieben, mit einer einzigen Reimsilbe, nämlich: **ein**

Reimwörter auf die Silbe **ein**:

Äugelein, allein, Bäuerlein, Bein (Elfenbein, Nasenbein), Blümelein, Brüderlein, dein, ein, darein, herein, hinein, querfeldein, tagein, Engelein, Eselein, fein, gemein, allgemein, hundsgemein, Gestein, hinein, irgendein, Kämmerlein, kein, klein, Latein, Mägdelein, mein, Mütterlein, nein, Höllenpein, rein, Rhein, Schein (Augenschein, Sonnenschein, Führerschein), Schneiderlein, Schwein, Schwesterlein, sein, Stein (Edelstein), Töchterlein, Verein, Wein, (zu) zwein

Wir haben fast 50 Wörter mit der Endung gefunden und auf einen Zettel geschrieben. Dann haben wir angefangen zu dichten. Wir merkten schnell, das klappt nicht mit Antje und mir als Thema. Und darüber war ich ehrlich gesagt heilfroh. Ich weiß nicht mehr, wie wir das Gedicht eigentlich zusammenbekommen haben, weil wir dermaßen albern kichern mussten. Zwischendurch hatte ich Bauchschmerzen vom Lachen. Immer wieder fielen uns ganz blöde Zeilen ein, die wir aber nicht brauchen konnten. Es sollte ja Sinn machen, irgendwie. Wir wollten eine kleine Geschichte erzählen. Wir haben lange gefummelt, aber plötzlich war das Gedicht tatsächlich fertig:

Die Ballade
vom einsamen Bäuerlein

Es war einmal ein Bäuerlein,
das lebte traurig ganz allein,
Im Stall war'n nur ein Eselein,
zwei Hühner und ein altes Schwein.
Die füttert er tagaus, tagein.

Doch einmal setzt' er sich auf einen Stein,
Tränen fließen aus seinen Äugelein,
da erscheint ihm ein holdes Engelein:
Was weinst du da in dich hinein?
Will nicht allein, nicht traurig sein,
nennt' ich ein holdes Fräulein mein!
Da lächelt es, das Engelein:
Dein Wunsch soll dir erfüllet sein!

Das Bäuerlein, es macht sich fein,
pflückt schnell noch ein paar Blümelein.
Da kommt sie schon zur Tür herein,
ein wunderschönes Mägdelein.

Dem Bauern entfährt es: Oh wie fein!
Nun werden wir ganz froh zu zwei'n.
Und bald schon waren sie zu drei'n,
denn sie gebar ein Töchterlein,
das war so schön wie Sonnenschein.

Der Bauer lacht: Oh Mütterlein,
jetzt fehlt noch unser'm Sonnschein,
ein süßes kleines Brüderlein?

Das kam dann auch noch hinterdrein
und reichte wohl zum Glücklichsein.
Sie feierten im Kämmerlein
mit dem einen Eselein,
den Hühnern, auch sie war'n schon zu drei'n,
nur nicht mit dem dicken Schwein.
Es roch nicht fein
und musste daher draußen sein.

Benny hat die Zeile mit „Sie gebar ein Töchterlein" erfunden. Ich
hab ihn angeguckt und gefragt, was das heißen soll. Er erklärte,
das wäre so was wie Kinderkriegen. Er hat gemeint, das Wort
kennt er aus dem Krippenspiel aus der Grundschule. Wir haben
uns das Gedicht dann immer wieder gegenseitig vorgelesen.
Mit unterschiedlichen Stimmen (ernst, kieksig, wie ein Roboter
und so weiter) – und immer noch mehr gelacht. Und dann
hatten wir die Knülleridee: Einer war der Erzähler und das Bäuer-
lein und der andere sprach mit ganz hoher Stimme den Engel.
Und als ich nicht mehr damit gerechnet hatte, sagte Benny:
„So, was ist jetzt mit Antje?"
Ich fragte so locker wie möglich: „Wie kommst du bloß auf
Antje?"
Benny guckte mich ganz mitleidig an und antwortete: „Theo,
du guckst doch mindestens 50-mal in der Stunde zu ihr rüber."
Und ich hatte gedacht, das merkt keiner.
Ob Antje das auch schon gemerkt hatte?
„Also was ist da?", stocherte Benny weiter.
In dem Moment kam Bennys Mutter ins Zimmer und sagte:
„Theo, hast du mal auf die Uhr geguckt? Du musst nach Hause."
Ich streckte Benny kurz die Zunge raus – was seine Mutter nicht
sehen konnte – und sagte: „Tja, Benny, dann sehen wir uns
morgen. Schade, dass wir nicht weiter quatschen können."
Und dann bin ich ab nach Hause.

Aber ich wusste natürlich, ich musste Benny einweihen.
Er würde ja sowieso nicht mehr locker lassen.

Berühmte Balladen:

Der Zauberlehrling (Goethe)

Der Handschuh (Schiller)

John Maynard (Fontane)

Reimwörter auf die Silbe **ei**:

Alberei, allerlei, Angeberei, Arznei, Bäckerei, Balgerei, Bastelei, bei (anbei, dabei, herbei, hierbei, nebenbei, vorbei, wobei), beiderlei, Besserwisserei, Betrügerei, Bettelei, Bimmelei, Blei, Blödelei, Brei, Bücherei, bye bye (englisch = Tschüss), Detektei, ideldumdei, Drängelei, drei, Dudelei, Ei (Entenei, Kuckucksei, Spiegelei), einerlei, entzwei, Esserei, Faulenzerei, Fliegerei, Flunkerei, Fragerei, frei, Fresserei, Geschrei, Grölerei, Hänselei, Hai, Hexerei, juchhei, Kai, Keilerei, keinerlei, Knallerei, Lobhudelei, Mai, Malerei, mancherlei, Meckerei, Metzgerei, Meuterei, Mogelei, Nackedei, Nörgelei, Papagei, Paukerei, Pfuscherei, Polizei, Prügelei, Quälerei, Quengelei, Rauferei, Sauerei, Schlägerei, Schlamperei, Schmiererei, Schmuggelei, Schwärmerei, Schrei, Schweinerei, Spielerei, Spinnerei, Trödelei, Türkei, (au) wei, Zankerei, zwei, zweierlei, ich befrei, entzwei, verleih, schrei, verzeih

... und jetzt
eine Ballade auf „ei"

Wo ich Hilfe beim Suchen

nach Reimwörtern finden kann:

- **Steputats Reimlexikon**
- **Reclam im Internet**
- **www.2rhyme.ch/**
- **www.reimlexikon.net/**

Eine Ballade
ist ein mehrstrophiges
erzählendes Gedicht.

Der Zauberlehrling

von Johann Wolfgang von Goethe

Hat der alte Hexenmeister
sich doch einmal wegbegeben!
Und nun sollen seine Geister
auch nach meinem Willen leben.
Seine Wort und Werke
merkt ich und den Brauch,
und mit Geistesstärke
tu ich Wunder auch.

Walle! walle
Manche Strecke,
dass, zum Zwecke,
Wasser fließe
und mit reichem, vollem Schwalle
zu dem Bade sich ergieße.

Und nun komm, du alter Besen!
Nimm die schlechten Lumpenhüllen;
bist schon lange Knecht gewesen:
nun erfülle meinen Willen!
Auf zwei Beinen stehe,
oben sei ein Kopf,
eile nun und gehe
mit dem Wassertopf!

Walle! walle
manche Strecke,
dass, zum Zwecke,
Wasser fließe
und mit reichem, vollem Schwalle
zu dem Bade sich ergieße.

Seht, er läuft zum Ufer nieder,
Wahrlich! ist schon an dem Flusse,
und mit Blitzesschnelle wieder
ist er hier mit raschem Gusse.
Schon zum zweiten Male!
Wie das Becken schwillt!
Wie sich jede Schale
voll mit Wasser füllt!

Stehe! stehe!
denn wir haben
deiner Gaben
vollgemessen! -
Ach, ich merk es! Wehe! wehe!
Hab ich doch das Wort vergessen!

Ach, das Wort, worauf am Ende
er das wird, was er gewesen.
Ach, er läuft und bringt behände!
Wärst du doch der alte Besen!

Immer neue Güsse
bringt er schnell herein,
Ach! und hundert Flüsse
stürzen auf mich ein.

Nein, nicht länger
kann ich's lassen,
will ihn fassen.
Das ist Tücke!
Ach! nun wird mir immer bänger!
Welche Miene! welche Blicke!

O du Ausgeburt der Hölle!
Soll das ganze Haus ersaufen?
Seh ich über jede Schwelle
doch schon Wasserströme laufen.
Ein verruchter Besen,
der nicht hören will!
Stock, der du gewesen,
steh doch wieder still!

Willst am Ende
gar nicht lassen?
Will dich fassen,
will dich halten
und das alte Holz behende
mit dem scharfen Beile spalten.

Seht da kommt er schleppend
wieder!
Wie ich mich nur auf dich werfe,
gleich, o Kobold, liegst du nieder;
krachend trifft die glatte Schärfe.

Wahrlich, brav getroffen!
Seht, er ist entzwei!
Und nun kann ich hoffen,
und ich atme frei!

Wehe! wehe!
Beide Teile
stehn in Eile
schon als Knechte
völlig fertig in die Höhe!
Helft mir, ach! ihr hohen Mächte!

Und sie laufen! Nass und nässer
wird's im Saal und auf den Stufen.
Welch entsetzliches Gewässer!
Herr und Meister! Hör mich rufen! -
Ach, da kommt der Meister!
Herr, die Not ist groß!
Die ich rief, die Geister
werd ich nun nicht los.

»In die Ecke,
Besen, Besen!
Seid's gewesen.
Denn als Geister
ruft euch nur zu diesem Zwecke,
erst hervor der alte Meister.«

8. Das Wetter hat nichts zu sagen!

Jetzt bin ich eine ganze Weile nicht mehr zum Schreiben gekommen und mein Gedichte-Buch blieb in der Ecke liegen.

Zum einen war ich mit dieser blöden Mathearbeit beschäftigt (hat aber tatsächlich geklappt – also nicht super, sondern „geht so", bei Benny übrigens auch), und Nicola hat noch mächtig gestresst. Ihr immer gleicher Tagesplan war: Im Zimmer sitzen und laut Musik hören. Meine Eltern waren mit den Nerven am Ende. Aber sie haben immer weiter mit Nico geredet wie mit einer Kranken, die sich erholen muss.
Und sie war ja auch irgendwie krank, „liebeskrank" eben. Patrick hat auch genervt, weil der immer wieder mal vor unserem Haus stand. Nico ist fast durchgedreht. Aber sie wollte ihn nicht sehen, schon gar nicht sprechen. Da hat Papa ihn weggeschickt.

Mama und Papa haben uns erzählt, dass sie zu Beginn der Ferien mit uns wegfahren wollen, weil eine Tante von Nico und mir ihr Wochenendhäuschen am Meer in diesem Jahr nicht selber bewohnt, und da könnten wir es nutzen.

Oh Gott, ans Meer,

habe ich gedacht, Sandburgen bauen mit meiner großen Schwester vielleicht?

Aber Mama und Papa waren nicht abzubringen von der Idee, auch weil wir das Haus „sehr günstig bekämen", und wir sonst dieses Jahr gar nicht weggefahren wären, weil wir nichts gebucht hatten. Papa meinte, er brauche unbedingt mal Tapetenwechsel, er sei gestresst von der Arbeit. Mama hat gemeint, eine neue Tapete bräuchten sie im Wohnzimmer eigentlich auch. Und es sollte bitte keiner vergessen, dass sie auch gearbeitet hätte und mal Ruhe bräuchte.

Zusammenfassung:

Alle sind irgendwie gestresst und brauchen Ruhe. Ich bin ja immer noch ein bisschen wegen Antje gestresst, aber das wollte ich keinem erzählen.

Benny habe ich natürlich beichten müssen, dass ich Antje nett finde, aber nicht liebe. Der Doofmann hat dann immer affig gegrinst, weil ich das extra betont habe. Aber er hatte sogar ein bisschen Mitleid mit mir, weil ja jetzt die Sommerferien beginnen und ich dann Antje sechs Wochen gar nicht mehr sehe. Und das ist doch das Blöde an den Sommerferien, wenn man seine Leute nicht jeden Tag in der Pause trifft (Pausen sind eh das Beste an der Schule). Benny sehe ich ja auch eine ganz Weile nicht, weil er mit seinen Eltern wegfährt, und zwar zwei Tage, bevor wir vom Meer zurückkommen. Also sehen wir uns vier Wochen nicht. Wer hat nur die Ferien erfunden?
Gut, die Erfindung der Schule ist noch schlimmer. Und hätte man die nicht erfunden, bräuchte man auch keine Ferien.

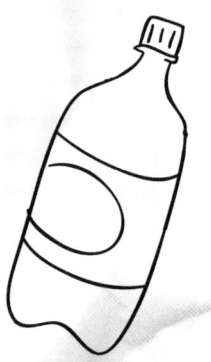

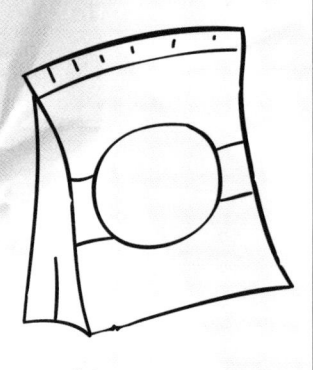

Nachmittags, am letzten Schultag, sind Benny und ich mit den Rädern zum Baggersee gefahren. Wir wollten ein Picknick machen und ein bisschen baden. Benny hatte Chips, eine Flasche Cola und Frikos aus dem Supermarkt mitgebracht, und ich hatte auch eine Flasche Cola, eine Riesentüte Gummi-sachen und eine Jumbotafel Schokolade, die aber ganz schnell weich wurde, weil es so heiß war. Wir haben sie mit den Fingern aus der Verpackung geschaufelt und sie dann abgeleckt. Wir waren die einzigen am See, als wir ankamen. Aber nach einer Stunde war es so voll von Menschen wie samstags in der Einkaufszone. Ein Geschrei überall und ein Gestank nach Schweiß, Sonnencreme und später auch Grillwürstchen. Dann kam eine Horde Jungs und fing an, uns zu nerven. Sie waren zu fünft, bescheuert und älter als Benny und ich. Uns blieb nichts anderes übrig als abzuhauen, weil sie immer mehr Stunk machten.

Auf dem Rückweg sagte Benny: „Schade, dass es im Winter so kalt ist, da hätte man den ganzen See für sich alleine." Ich hatte sofort ein Bild vor meinen Augen, wie Benny und ich schnatternd am Badestrand liegen und wir vor lauter Zittern die Chips nicht in den Mund kriegen. Und die Cola könnten wir nicht trinken, weil sie gefroren ist. Ich lachte laut und Benny guckte mich an: „Was ist daran so lustig?"

Als ich ihm erzählte, was ich mir vorgestellt hatte, musste er auch lachen und meinte nur: „Da hast du ja direkt eine neue Idee für dein nächstes Gedicht."

Daran hatte ich auch schon gedacht.

An der Kreuzung Maarweg und Aachener Straße winkten wir uns dann cool zu, weil wir uns ja jetzt 'ne Weile nicht mehr sehen würden. Das würde eine lange Zeit ohne Benny! Ich war echt traurig. Ich mag Benny sehr. Er ist ein toller Freund.

Zu Hause war es laut. Mama und meine Schwester stritten, während sie Nicos Tasche für den Urlaub packten. Kaum zu glauben, worüber der Streit ging: Mama wollte, dass Nicola ein paar warme Sachen mitnimmt. Nico meinte: „Es ist Sommer, da nehme ich Sommersachen mit." Mama argumentierte: „Aber es kann ja auch mal schlechtes Wetter sein." Nico stampfte mit den Füßen auf und kreischte: „Ich lass mir aber vom Wetter nicht vorschreiben, was ich anziehe!" Im nächsten Moment guckten sich Mama und Nico an und fingen an zu lachen. Mich hatten sie gar nicht bemerkt – und das war gut. Denn ich hatte gerade die Superidee für das Ende von meinem Badestrand-Gedicht gehört und wollte mich sofort ans Schreiben machen.

Beim Dichten habe ich dann gemerkt, dass es doch hilfreich ist, wenn man erlebt hat, worüber man schreibt. Ich war ja eben noch mit Benny am Strand gewesen, und wir hatten die anderen Leute beobachtet. Und natürlich weiß ich auch noch vom letzten Winter, wie es ist zu frieren, und wie das so bei einem Schneesturm ist.

Während ich da so an meinem Gedicht rumschrieb, hörte ich meine Mutter durch die Türe rufen: „Theo, leg schon mal die Sachen raus, die du mit in die Ferien nehmen willst!" Ich habe wahrscheinlich „Jaja!" gerufen. Ich weiß es nicht mehr ganz

65

Der Urlauber am See

Ein Mann saß einst an einem See
auf einem Badetuch in kurzer Hose,
beschmierte sich mit Sonnenöl,
trank Limo - eiskalt - aus der Dose.
Auf seinem Kopf ein großer Hut,
auf seiner Nas die Sonnenbrille,
auf seinen Knien ein gutes Buch,
genoss er die Natur und Stille.
Hier, wo kein Mensch sich dieser Tage
am Strande tummelt oder badet,
sich auch der Kleidung nicht entledigt,
weil es der Gesundheit schadet.

Der Mann jedoch, man sieht ihn lächeln,
entnimmt der Kühlbox nun ein Eis,
just als ein andrer sich ihm nähert
und ihm einen Gruß erweist.
»Guter Mann, ich glaub, ich träume!
Was tun Sie hier am Badestrand?«
»Was man am Badestrand so tut«,
entgegnet jener unverwandt.
»Das sehe ich und will's nicht glauben.
Wer badet schon zu dieser Zeit?«

Dann zieht er sich die Mütze tiefer,
weil Winde beißen und es schneit.
Der Mann - er lächelt immer noch -
spielt mit den Zehen in dem Sand,
befühlt dann seine nackten Schultern,
fragt: »Hab ich hier wohl Sonnenbrand?«
»Sonnenbrand? Sind Sie von Sinnen?
Die Sonne ist doch nicht zu sehn!
Ein Schneesturm tobt und Temperaturen
sind weniger als minus zehn.
Warum nur zieht Sie nichts nach Hause,
an einen schönen, warmen Herd?«
»Ganz einfach«, sagt der Mann sehr freundlich,
»weil mich das Wetter halt nicht stört.
Ich genieße meinen Urlaub,
verbring ihn immer hier am See.
So erhol ich mich am besten.
Da störn mich weder Frost noch Schnee.«

Der andre schüttelt nur den Kopf,
will, was er sieht und hört, nicht glauben.
»Dann nehmen Sie Ihren Urlaub doch,
wenn Temperaturen es erlauben!«
»Na hörn sie«, sagt der Mann sehr ernst,
»so was mag ich gar nicht leiden.
Wann ich baden geh, wann nicht,
hab ich und nicht das Wetter zu entscheiden!«

genau. Aber rausgelegt habe ich
nichts, und natürlich hat das später
Ärger gegeben, aber keinen dollen.
Papa hatte sich übrigens wie üblich
verkrümelt. Er war unterwegs, um
das Auto zu waschen, zu tanken –
und hatte schon angefangen, unsere
Fahrräder auf das Autodach zu
montieren. Ich hab ihm noch dabei
geholfen und als wir fast fertig waren,
hab ich ihn gefragt: „Sag mal, Papa,
hast du Mama mal angefahren mit
dem Auto?"

Er schaute mich entgeistert an und sagte:
„Wie kommst du denn darauf? Natürlich nicht!"
Aber wie hatten sie sich dann kennengelernt? Gab es noch
andere Möglichkeiten? Ich wollte Papa fragen, da rief meine
Mutter aus dem Fenster: „Theo, du hast ja noch nichts raus-
gelegt! Komm sofort hoch und fang endlich an!"
Ihr Kopf verschwand, mein Vater sagte: „Na, dann mal los!",
und dann erschien Nicos Kopf im Fenster und sie kreischte:
„Ich hab dir Eimerchen und Schaufel schon aufs Bett gelegt.
Willst du alle Förmchen mitnehmen? Auch die blauen?"
Na, meiner Schwester ging es offensichtlich besser.
Sie konnte wieder richtig doof sein. Als ich ihr die Zunge raus-
strecken wollte, war sie schon wieder weg vom Fenster. Ich war
ja mal echt gespannt, was das für Ferien werden würden ...

67

Der Urlauber am See

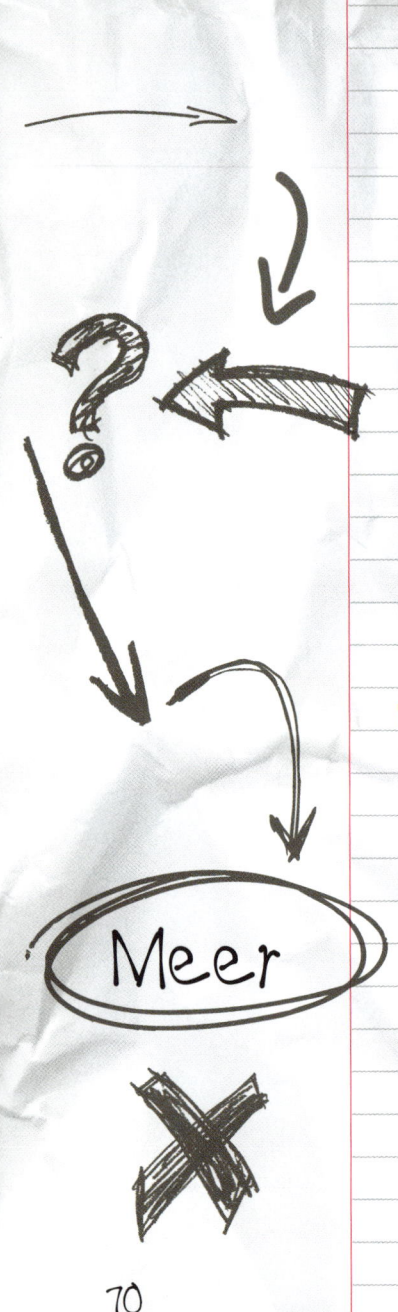

9. Sonnenuntergang mit feuchtem Hintern

Wir wollten morgens ganz früh los ins Ferienhaus, so war jedenfalls Papas Plan.

„Dann können wir nachmittags schon das Meer sehen", sagte Mama und sprang wie ein kleines Mädchen im Zimmer herum. Aber sie hatten beide wohl vergessen, dass man mit Nicola nie „früh" los kann. Meine Schwester wollte nämlich nochmal gründlich duschen, weil: „Wer weiß, ob es da überhaupt eine vernünftige Dusche gibt."

Es war also schon fast Mittag, als wir alle im Auto saßen. Papa hat sich dann auch noch verfahren – trotz Navi (und das war schuld, weil es angeblich irgendeine neue Straße nicht kannte, wie Papa erklärte), und wir standen noch in einem Stau. Als wir endlich am Ferienhäuschen ankamen, war es schon fast Abend. Aber Mama bestand darauf, dass wir trotzdem noch an den Strand gingen. Sie war nicht davon abzubringen. Ich weiß nicht, wie Papa die Idee fand. Er hielt sich mit seiner Meinung zurück. Aber Mama hakte sich bei ihm ein und meinte: „Und dann setzen wir uns in den Sand und schauen zu, wie die Sonne im Meer versinkt."

Mama und Papa gingen Arm in Arm los, Nico und ich trotteten hinterher. Kurz schauten wir uns an, und ich wusste, wir waren ausnahmsweise mal einer Meinung. Mama hatte noch eine Decke mitgenommen, da sollten wir am Strand drauf sitzen. Nico seufzte laut. Aber wir wollten Mama nicht die Stimmung mit Meckern versauen.

Als wir über die Dünen marschierten und dann den Duft des
Meeres rochen, habe ich kurz an Antje gedacht. Aber Nico
meinte, es rieche nach totem Fisch, da war meine romantische
Stimmung wieder weg.
Dafür waren Mama und Papa um so romantischer drauf.
Sie haben die Decke ausgebreitet, sich eng nebeneinander-
gesetzt und Papa hat seinen Arm um Mamas Schulter gelegt.
Nico hat mir einen Wink mit den Augen gegeben und wir
sind ein Stück zurückgegangen und haben uns in die Dünen
gesetzt, auch mit Blick aufs Meer. Vor uns Unmengen Sand
und natürlich unsere kuschelnden Eltern.

Während ich darüber nachdachte, was das für eine komische
Formulierung von Mama war, „dass die Sonne im Meer versinkt",
beobachtete ich die Sonne. Das sah wirklich irre aus, wie sich
die Farbe am Himmel mehr und mehr veränderte. Ganz
langsam wurde es um die Sonne herum immer oranger. Und
dann kamen Rottöne dazu. Währenddessen sank die Sonne
tiefer, als wollte sie sich auf den Horizont setzen. So viele
Rot-, Orange- und Gelbtöne habe ich echt noch nie am
Himmel gesehen. Ich war völlig weg von den Farben.

Irgendwann fiel mir auf, dass sogar Nicola ganz ruhig geworden
war. Man merkte das daran, dass ihr Handy eine SMS hustete,
sie aber nicht nachschaute, wer da was geschrieben hatte.
Als die Sonne die Linie des Horizonts berührte, wurde der Himmel
noch einmal ganz gelb, aber es schien, als wäre das Wasser

nun dunkelrot. Mama und Papa waren
nur noch ein schwarzer Hügel im Sand,
so dunkel war es geworden.

*Ja, die Sonne versank im Meer.
Ein Sonnenuntergang eben.*

Genau genommen, dachte ich, ist das doch ein blödes Wort
dafür: Die Sonne geht ja gar nicht unter. Sie verschwindet am
Horizont, weil sich die Erde dreht. Aber wen interessiert das,
wenn er – wie meine Eltern – Arm in Arm dabei zuschaut?
Plötzlich sagte Nico: „Hoffentlich kann die Sonne schwimmen,
sonst säuft sie gleich ab."
Dann machte sie mit ihrem Kaugummi eine Blase, die im
nächsten Moment mit einem „Plopp" zerplatzte. Ich guckte
zu, wie Nico mit ihrer Zunge die Fäden an ihren Lippen wieder
einsammelte und dann weiterkaute.
„Du bist gnadenlos unromantisch, Nico", sagte ich. „Die Wahr-
heit ist, sie sinkt langsam auf den Meeresboden, und da schläft
sie bis zum nächsten Morgen, und dann steigt sie mit neuer Kraft
wieder auf."
„Du bist wirklich ein Poet, Theo. Aber dann buddelt sie sich wohl
die ganze Nacht durch die Erde, denn morgen früh geht sie
genau auf der anderen Seite wieder auf." Sie zeigte mit dem
Daumen auf die Dünen hinter uns. „Im Osten."
Ich machte nur „Mmh" und schaute weiter dem Sonnenuntergang zu.

Nico lehnte sich gegen den Sandhügel und ich glaube, sie
schlief zwischendurch ein bisschen.
Ich nahm leise mein Gedichte-Buch raus.
Frau Diepholz hatte ich versprechen müssen, dass ich es mit in
die Ferien nehme. „Da fallen dir bestimmt ganz viele Gedichte
ein", hatte sie gesagt und mit einem Auge gekniept.

Wie lange das dauerte, bis die Sonne ganz im Wasser versank!
Und ich staunte ehrlich gesagt über meine Geduld, hier zu
sitzen und zu gucken.
Ein Glück, dass sie nicht abends so von einem Moment auf den
andern mit Karacho ins Meer fiel und die Leute am Strand dann
sagten: „Hast du's gesehen? Gerade ist sie reingefallen ..."
Das wäre eine andere Welt, dachte ich.

Und dann hab ich mich gefragt, was dann anders wäre.
Und plötzlich fielen mir total verrückte Dinge ein, wie die Welt
wohl wäre, wenn die Sonne nicht langsam untergeht, sondern
abends einfach vom Himmel runterfällt. Die habe ich alle
aufgeschrieben. Ich hatte immer mehr Spaß am Neuerfinden
der Welt ... Ein paar Ideen habe ich wieder gestrichen und
aus den anderen habe ich dann das Gedicht gemacht.
Ich habe es dort am Strand fertigbekommen, als sogar nur noch
die Sterne ein bisschen Licht zum Schreiben gegeben haben.
Die Sonne war längst „untergegangen".

73

Wenn die Sonne ins Wasser fällt

An dem Tag,

an dem die Sonne ins Wasser fällt,

werden die Wolken lila blinken,

da wird der Wind von unten nach oben wehn

und das Meer sich selber austrinken.

An dem Tag,

an dem die Sonne ins Wasser fällt,

ganz tief bis hinunter zu den Korallen,

ist ein Tag,

an dem man Kakteen streicheln kann

und den Quallen wachsen scharfe Krallen.

An dem Tag,

an dem die Sonne ins Wasser fällt,

werden die Sterne am Himmel singen,

die Bäume werden Walzer tanzen

und der Donner wie Flöten klingen.

An dem Tag,

an dem die Sonne ins Wasser fällt,

wird der Schnee über den Wüstensan

streichen,

an diesem Tag,

da werden Wörter wie Farben tönen

und das Grau aus der Welt entweiche

Ich sitze hier

im Abendrot

und warte,

dass die Sonne ins Wasser fällt,

und frage mich,

was sie wohl dort oben

am Himmel hält.

Es wurde ein bisschen kühl und das hatten wohl sogar meine verschmusten Eltern gemerkt. Jedenfalls standen sie auf und kamen zu uns rüber.

Ich stupste Nico an und sagte: „Los, wir gehen!" Sie gähnte breit. Als sie aufstand, bekam sie fast einen Anfall, weil der Sand unter uns ein bisschen feucht war und ihre Jeans jetzt hinten einen Fleck hatte, und alle könnten es sehen. Meine Jeans war übrigens auch nass, aber das war mir egal.

„Na, ihr Süßen, was habt ihr denn Schönes gemacht?", fragte Mama. Sie hatte sich wieder bei Papa eingehakt. Ich sagte: „Ich hab darauf gewartet, dass die Sonne ins Wasser fällt." Mama hat einen Arm um mich gelegt, ohne Papa auf der anderen Seite loszulassen. „Hast du ein Gedicht geschrieben?" Ich nickte. „Dann liest du uns das sicher gleich vor, oder?"

„Ach, mein Bruder wird bestimmt mal ein berühmter Dichter", ätzte Nico. Papa nahm sie daraufhin spielerisch in den Schwitzkasten und sie schrie und kreischte: „Hilfe! Hilfe!" Dann ließ Papa sie los und Nico hakte sich bei ihm ein. Wir sind wie ein dicker Familienknubbel zurück zum Haus gegangen. An dem Abend habe ich das Gedicht nicht mehr vorgelesen, denn nicht nur ich war viel zu müde von dem langen Tag. Papa verkündete, dass wir morgen einen Strandtag machen wollten. Nico jubelte: „Super! Jippppieh! Theo, leihst du mir dann auch mal deine Förmchen?"

Meine Schwester ist SOOOOOOOO ätzend –
aber ich hab sie trotzdem lieb.

„Warum ändert sich die Farbe des Himmels beim Sonnenuntergang?

Farbtemperatur

Das hat mit dem Staub in der Luft zu tun. Das Licht der Sonne „bricht" sich an diesen Staubteilchen. Das Sonnenlicht wiederum besteht aus vielen verschiedenfarbigen Anteilen.

Blaues Licht ist sehr kurzwellig, rotes Licht sehr langwellig. Kurzwelliges Licht trifft in der Atmosphäre viel öfter auf Staubteilchen als langweiliges. Daher wird die Farbe Blau (der Himmel) viel stärker wahrgenommen, weil viel mehr Staubteilchen angestrahlt werden.

Und warum ist nun der Sonnenuntergang rot?

Das liegt an der Entfernung der Sonne zur Erde. Mittags ist sie direkt über uns, also recht nah, dann ist der Himmel blau, abends ist die Sonne weit weg am Horizont, da wird dann das lange rotwellige Licht öfter gebrochen und färbt den Himmel rot.

Puh, dreimal lesen macht auch nicht schlauer ...

10. Muskelprotz und Windeln in der Burg

Am nächsten Morgen hatte ich das Gefühl, wir verreisen schon wieder, so viele Sachen für den Strand hatten Mama und Papa zusammengepackt. Wir verteilten Badetücher, Strandmatten, eine Kühlbox, einen Sonnenschirm und diverse andere kleinere und größere Taschen unter acht Armen und zogen zum Strand.

Der war deutlich voller als am Vortag beim Sonnenuntergang. Es war noch mehr los als am Baggersee mit Benny.

Wir sind eine Weile durch den Sand gestapft, auf der Suche nach einem freien Platz. Ich habe schon gedacht, ich breche gleich zusammen, weil es so anstrengend ist, durch den heißen Sand zu laufen. Es war keine Wolke am Himmel, und die Sonne knallte auf unsere Köpfe.

Nico hat die ganze Zeit gemault: „Ich gehe keinen Schritt mehr weiter!" oder „Ich kann nicht mehr, ich hab Durst!" oder „Ich bin kurz vor dem Kollaps!" und so weiter. Wir haben sie einfach jammern lassen, wir waren ja selber alle k. o.

Als wir endlich eine Stelle am Strand mit genug Platz für uns gefunden hatten, haben wir ein richtiges kleines Lager gemacht, mit Matten, Handtüchern und Sonnenschirm.

Dann sind Papa, Nico und ich erstmal ins Wasser. Papa hat gebrüllt: „Wer zuerst mit dem Kopf unter Wasser ist, hat gewonnen!", und wir sind losgerannt.
Nico war tatsächlich die Schnellste, aber als sie mit den Füßen im Wasser war, hat sie 'ne Vollbremsung gemacht und Papa und ich sind an ihr vorbei und haben Bauchplatscher vor Nico gemacht, dass sie auch nass war. Das konnte man tatsächlich noch besser hören als sehen, denn sie hat gekreischt, als wäre sie ins Polarmeer gefallen.
Wir haben getobt. Papa hat uns gepackt und immer wieder in die Wellen geworfen, bis er nicht mehr konnte.

Es war klasse!

Später hat Mama uns eingecremt und danach aus der Kühlbox verpflegt. Papa hat geschlafen, Mama gelesen, und Nico hat sich zur Aufgabe gemacht, absolut gleichmäßig braun zu werden. Ich kann einfach nicht kapieren, warum das so wichtig sein soll.
Inzwischen waren immer mehr Menschen an den Strand gekommen, und auch um uns herum war jetzt kaum noch Platz. Nur noch vorne am Wasser, wo der Sand hart und nass ist, konnte man spielen.

Dann ist Papa wach geworden und wir haben vorne am Wasser Fußball gespielt. Nico hatte keine Lust und Mama fand ihr Buch so spannend.

War auch besser so. Mit Papa Fußball spielen ist cool. Er kann den Ball über 50-mal mit seinen Füßen in die Luft kicken, ohne dass der den Boden berührt.

Dann wollte sich Mama doch mal bewegen, und Papa wollte sich ausruhen. Da habe ich mit Mama Beachball gespielt. Immer wieder ist der Ball auf solche Sonnenanbeter wie Nico gefallen. Ich weiß nicht, wie oft Mama oder ich „Entschuldigung" gesagt haben, wenn wir den Ball holten.

Dann kam Papa und meinte: „Am Strand baut man eine Sandburg!" Er hatte zwei Schaufeln in der Hand. Mama war begeistert: „Au ja, ein richtiges Kunstwerk bauen wir!" Ich dachte erst: „Auweia, das ist doch was für kleine Kinder." Aber dann kam sogar Nico dazu und machte mit. Wir bauten eine irre schöne Burg, mit Burggraben und Brücke zum Tor. Es gab vier Türme, die Mama immer wieder mit Meerwasser befeuchtete, damit sie nicht zerbröselten.

Sie war riesig, die Burg, meine ich, sodass ich im Burghof fast sitzen konnte.

Wir schmückten sie mit Muscheln und kleinen Hölzern, die wir am Strand fanden. Wir hatten das Meerwasser in den Burggraben geleitet, und da war jetzt, je nach Wellengang, Hochwasser oder Ebbe. Als wir endlich fertig waren, standen wir stolz vor unserer Sandburg. Eine Familie, die uns beim Bauen zugesehen hatte, klatschte Beifall. Mama hat von der Burg und uns Fotos gemacht, während Nico immer mal wieder die Burg wässerte. Der Sand wurde einfach total schnell wieder trocken. Mehrmals hatte ich schon solche Windelflitzer im letzten Moment davon abhalten können, durch unsere Burg zu latschen.

Ich weiß auch nicht, ich war so stolz auf die Burg und ich wollte sie beschützen.

Wir hatten sie zusammen gebaut, und sie war einfach super-schön. Ich dachte gerade, wie viel Arbeit das gewesen war, und dass sie morgen schon eine Ruine sein würde,

da sehe ich ihn kommen!

Er lief rückwärts, während er sich nach einem Beachball streckte, der über seinen Kopf flog. Den Typen hatte ich schon vorher beobachtet, weil er immer mal nach Nico schielte. Ich fand ihn unsympathisch.

Er hatte superdicke Muckis, und auf die war er wohl auch ganz stolz, denn er schaute bei jeder Gelegenheit an sich selbst herunter und hatte seine Haut auch so eingeschmiert, dass sie glänzte wie die verschwitzte Glatze von Papa in der Sonne.

Aber jetzt hatte er nur noch Augen für den Ball, der genau im Burghof landete. Im nächsten Moment tappte der Typ rückwärts laufend mit einem Fuß in den Burggraben, knickte um und knallte mit seinem ganzen Körper auf die Burg. Zwei Türme und der halbe Graben waren platt.

Dann stand der Blödmann auf, wobei er sich auf einem weiteren Turm abstützte – natürlich nicht absichtlich – schwang sich wieder in den Stand, packte den Gummiball, schaute kurz mich und dann die Reste von der Burg an, sagte nur „sorry" und lief wieder zu seinem Kumpel.

Ich hätte schreien können. Aber ich stand nur da und konnte es nicht fassen. Von einem Moment auf den anderen alles kaputt. Ganz hinten in meinem Kopf sagte ich mir, dass ich damit rechnen musste. Aber vorne in meinem Kopf war so eine Stinkwut ... Mama stand plötzlich hinter mir und legte ihre Hände auf meine Schultern. Papa kam dazu und meinte: „Man muss ja schon von Glück sagen, dass dieser Muskelberg nicht auf uns gefallen ist, sonst wären wir jetzt genauso platt wie unsere Burg."

Als keiner was sagte, meinte er leiser: „Sollen wir eine neue Burg bauen?"

Aber ich schüttelte den Kopf. Dann bin ich ins Wasser und habe mich in die Wellen geworfen.

Danach ging's mir ein bisschen besser. Ich habe mich auf mein Handtuch gesetzt und ein Gedicht geschrieben. Wenn ich aufblickte, merkte ich, dass Nico immer wieder zu dem Muskelprotz rüberguckte. Dass sie ihn interessant fand, kam mir fast wie ein Verrat an unserer Burg vor ...

Als ich das Gedicht geschrieben habe, spürte ich, dass dabei meine Wut und Enttäuschung mehr und mehr verschwanden. Irgendwie hatte ich sie in all die Zeilen gepackt und aus mir rausgelassen. Ich dachte dann, das ist doch praktisch, dass man fiese Gefühle einfach in ein Gedicht auslagern kann.

Ein Riese am Strand

Ein Riese kam mitten in der Ferienzeit
an einen Strand,
was keiner besonders lustig fand.

Er tappte mal hierhin, mal dorthin,
trat Sandburgen flach
und kriegte mit den Kindern Krach.

Er hat sogar noch das Meer ausgetrunken
mitsamt den Quallen.
Auch das hat den Kindern nicht gefallen.

Endlich ist er wieder davongestolpert,
und Tobias hörte man fluchen:
Riesen haben am Strand nix zu suchen!

Warum Tobias und nicht Theo?

Ganz einfach: Ich habe begriffen, man schreibt Gedichte,
die was mit einem zu tun haben. Aber wenn in dem Gedicht
der Name Theo steht und unten drunter „Von Theo" ist das
irgendwie blöd. Beim „Sonntags-Frühstück" habe ich das ja
noch gemacht.
Und ich habe auch gemerkt: Bei dem Namen „Tobias" stolpert
man so ein bisschen über den Rhythmus in der Zeile. Und
„stolpern" fand ich ja sehr passend in dem Gedicht.

Mama hatte Sorge, wir bekämen zu viel Sonne am ersten Tag
und wollte unbedingt, dass wir jetzt mal wieder zu unserem
Quartier zurückgehen sollten. Sie hatte recht. Papas Glatze
war rot und einige andere Stellen an unseren Körpern auch,
obwohl wir uns ja alle eingecremt hatten.
Ich konnte mich abends nicht mehr gut anlehnen beim Sitzen
und habe nachts auf der Seite geschlafen. Aber das tu ich sowieso am liebsten.

Papa machte dann am nächsten Tag einen
Vorschlag, wie sich die „Rothäute in der Familie"
wieder erholen könnten.

Kennst du bedeutende Lyriker?

Name:

bekannte Gedichte:

Name:

bekannte Gedichte:

Name:

bekannte Gedichte:

Wissenswertes über Menschen und ihre Größe

Derzeit (2015) gilt der türkische Bauer Sultan Kösen mit 2,51 m als größter Mensch der Welt. Seine Größe hat er einem traurigen Umstand zu verdanken. Ein Tumor in seinem Hirn verhinderte, dass er aufhörte zu wachsen, bis ihn Ärzte entfernen konnten.

Übrigens hat Sultan Kösen auch die größten Füße. Er benötigt Schuhgröße 62.

Der bisher größte Mensch der Welt war Robert Wadlow (1918 – 1940) aus den USA. Er war als erwachsener Mann 2,72 m groß.

Vor rund 5 000 Jahren waren die Menschen noch viel kleiner als heute: In Mitteleuropa z. B. waren die Männer im Durchschnitt etwa 1,63 m und die Frauen etwa 1,51 m groß.

Heute beträgt in Deutschland die durchschnittliche Körpergröße von Männern 1,80 m und von Frauen 1,71 m.

Die größten Menschen weltweit leben in den Niederlanden: Männer werden im Durchschnitt 1,83 m groß, Frauen 1,70 m.

In Indonesien sind Männer durchschnittlich nur 1,58 m und Frauen 1,47 m groß.

Für die Wachstumssteigerung gibt es verschiedene Ursachen, über die die Wissenschaftler streiten. Gründe könnten sein:

- Menschen ernähren sich anders. Tierische Fette und eiweißreiche Kost fördern das Wachstum.
- Viele Reize in einer städtischen Zivilisation.
- Weniger Stress in der Kindheit.
- Das veränderte Klima.

Menschen im Norden Deutschlands werden durchschnittlich größer als Menschen aus dem Süden.

Kratzer beim Fröscheküssen

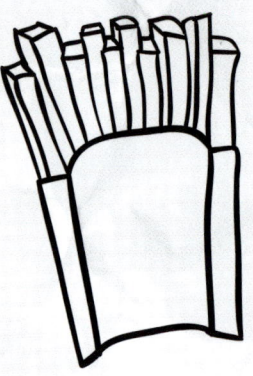

„Wir machen heute eine Radtour", schlug Papa vor. „Da kann sich unsere Haut erholen und wir bewegen uns. Das ist gesund."

„Und wir ziehen alle Kappen an", bestimmte Mama und tätschelte Papas rote Glatze.

„Oh Gott, nein!", kreischte Nico.

„Was hast du gegen Kappen?", fragte ich.

„Die Kappen sind mir piepegal! Ich hab keinen Bock auf die Radtour!" Während sie redete, tippte sie mit zwei ihrer violetten Nägel die gefühlt 6 000ste Nachricht in ihr Handy.

Papa achtete gar nicht auf Nicos Meckerei. Er hielt eine Karte in der Hand und erklärte: „Es gibt einen schönen Weg an den Dünen entlang zu einem kleinen Ort mit einem Hafen, an dem man die Fischerboote liegen sehen kann. Da können wir ein Eis essen, und nachher fahren wir wieder zurück."

„Lieber Fritten!", schlug ich vor. Aber insgesamt fand ich die Idee gut.

„Lieber Eis", meldete sich Nico, schaute aber nicht auf von ihrem Handy.

„Ihr könnt es euch aussuchen", meinte Papa. Papa ist ein echter Diplomat.

Heute hatten wir nur kleines Gepäck.

Mama bestand darauf, dass wir Jacken mitnehmen, falls es regnet, Papa, dass wir was zu trinken haben unterwegs, Nico, dass wir genügend Pausen machen würden und ich, dass wir nicht so lahm durch die Gegend eiern, nur weil Mädchen (also Mama und Nico) dabei waren. Die Proteste kann man sich denken. Nico meinte:

> Mit dem Frauenbild wirst du es aber schwer haben, jemanden zu finden, der dich heiratet. Heutzutage schaffen Frauen alles, was auch Männer schaffen.

Ich hab nur geantwortet, sie würde noch nicht mal schaffen, so schnell zu duschen wie ich. „Das wäre schon der erste unüberwindliche Unterschied zwischen Männern und Frauen." „Du bist ja noch gar kein Mann." Dann grinste sie mich an und sagte: „Im Moment würde es schon reichen, wenn du öfter duschst, egal wie schnell – deiner Familie zuliebe." „Willst du damit sagen ...", fauchte ich. „Wir können los!", rief Papa fröhlich dazwischen.

Das nennt man Deeskalation, habe ich im Fernsehen gesehen. Das machen die Polizisten inzwischen auch bei Einsätzen, dass sie auf die aggressive Anmache der Leute nicht eingehen und stattdessen ganz freundlich bleiben. Das klappt wahrscheinlich nicht immer.

Wir schwangen uns auf unsere Räder. Ich habe so ein mattschwarzes Mountainbike. In roter Schrift steht „Offroad-Bull" darauf. Das Profil auf den dicken Reifen ist so grob, dass das

89

Lenkrad immer ganz leicht vibriert beim Fahren. Ich hab
21 Gänge, drei Ritzel vorne und sieben hinten. Wenn ich ehrlich
bin, brauch ich nur die sieben hinten. Vorne wechsle ich gar
nicht. Aber das Rad sieht cool aus. Nicos Rad ist übrigens –
ja klar, was sonst – pink. Sie hat sich Plastikblumen
gekauft und überall mit Kabelbinder festgemacht.

Das Rad sieht aus wie von Barbies Schwester. Papa hat
ein Rennrad mit so dünnen Reifen, das schon mindestens
30 Jahre alt ist, wie er sagt. „Wenn man ein Rad gut pflegt,
dann hält es ewig", erklärt er uns bei solchen Gelegen-
heiten immer wieder gerne.

Mama hat ein Hollandrad mit einem geflochtenen Korb
vorne am Lenkrad. Ich glaube, solche Räder haben ganz
viele Mütter.

Die erste Stunde kamen wir gut voran, weil wir auch Rücken-
wind hatten. Ich wollte mir nicht das Gezeter von Nico auf dem
Rückweg vorstellen, wenn uns dann der Wind immer entgegen-
blasen würde. Ich wäre gerne in die Dünen reingefahren, weil
es da so schön hügelig war, aber es war verboten, und überall
links und rechts vom Weg war Stacheldraht gespannt. Ich bin
dann Schlangenlinien gefahren und habe Nico damit irre
gemacht, weil sie nur mit einer Hand fuhr,
um mit den Fingern der anderen Hand auf
dem Handy zu tippen. Mama meinte:
„Nico, nun steck das Ding doch mal ein!"
Aber keine Chance.

Irgendwann sind wir dann von den Dünen in einen
kleinen Ort im Inland abgebogen. Papa meinte, das
wäre ein „süßes kleines Örtchen", hätte er gelesen. Und
wir könnten da ein Eis essen. Wir fuhren ein Stück auf einem
Radweg neben einer Straße. Rechts vom Radweg lief ein
kleiner Bach, in dem man Frösche schwimmen sehen konnte.
Ab und zu kam mal ein zögerliches Quaken.
Das ganze Unheil des Tages begann mit meiner überflüssigen
Bemerkung: „Nico, willst du nicht mal ein paar von den
Fröschen küssen? Vielleicht ist ein süßer Prinz dabei, mit dem
du dann schreiben kannst." Ich schaute zu Nico, die neben mir
fuhr. Für einen Moment sah ich noch ihren Blick, der von wütend
zu teuflisch wechselte und hörte ihre Erwiderung: „Die kannst
du selber küssen!" Kurz danach spürte ich Nicos Tritt gegen
mein Vorderrad. Ich geriet ins Taumeln, versuchte gleichzeitig zu
lenken und zu bremsen, aber es war unvermeidlich: Ich sauste
mit Karacho die kleine Böschung hinab, ratterte ein paar Meter
durch den nicht sehr tiefen Bach, blieb an einem Busch hängen
und fiel mit dem Rad ins Wasser.
Als ich mich aufrappelte, kam schon Papa heruntergesprungen
und fragte: „Hast du dir wehgetan?" Ich schüttelte den Kopf
und hob mein Fahrrad auf. Das Gestrüpp war leider ein
Brombeerbusch und hatte mir ein paar Ritzer auf den Armen
verpasst. Aber die spürte ich kaum. Papa half mir, das Rad die
Böschung hinaufzuschieben.
Nico war abgestiegen und legte den Arm um mich: „Tut mir
echt leid, Bruderherz, das wollte ich nicht." Sie hatte so ein

schlechtes Gewissen, ich hatte schon fast Mitleid mit ihr, aber nur fast. „Was tut dir leid? Dass ich überlebt habe?" Dann streckte ich ihr die Zunge raus.

„Ist ja nichts passiert", sagte Papa und fummelte einen Zweig aus den Speichen. Leider war ich nass geworden, aber das machte auch nicht wirklich was, weil es ja warm war.

„Sagt mal, ist der Reifen platt?", fragte Mama und zeigte auf den Vorderreifen an meinem Rad.

„Au Sch...", sagte Papa und fing sich einen bösen Blick von Mama ein.

„Und jetzt?", fragte Mama.

„Flicken", sagte Papa nur und holte ein paar Sachen aus einem kleinen Täschchen, das hinten am Sattel seines Rennrads befestigt war. Mama und Nico setzten sich an die Böschung und ich half Papa beim Flicken des kaputten Reifens.

Ich hatte das noch nie gesehen. Und ich war echt begeistert, wie genau Papa wusste, was er als Nächstes machen musste. Ein Glück, dass er Flickzeug und alles dabei hatte.

Erst abends habe ich ein Gedicht dazu geschrieben, das ging ziemlich schnell, weil ich alles noch vor Augen hatte, wie Papa den Reifen repariert hat. Am meisten hat mich beeindruckt, wie er das Loch gefunden hat: Indem er den Schlauch in den kleinen Bach gehalten hat. Da, wo Luftbläschen aufstiegen, da war das Loch. Warum ich den Jungen in dem Gedicht Jochen und nicht Theo genannt habe, habe ich schon mal erklärt. Also lasse ich es jetzt. Hier das Gedicht:

Der Fahrradschlauch

Was sagt da Jochens Fahrradschlauch?
Nichts, nur Pfffffffft hat er gefaucht
und seinen Atem ausgehaucht.

Der Vater hat
- nach altbewährtem Brauch -
den Schlauch ins Wasser eingetaucht,
bis die böse Stelle sich erhelle
durch eine wilde Blasenwelle.

Der Vater klebt ein Pflaster noch
dorthin, wo einst die Luft rauskroch,
füllt den Schlauch mit neuem Leben,
das er ihm pumpend eingegeben.

So, nun faucht der Schlauch nicht mehr
und Jochen murmelt: Danke sehr!

Und ich habe noch was anderes erfahren. Darüber habe ich kein Gedicht geschrieben.

Ich weiß jetzt, wie sich Mama und Papa kennengelernt haben. Ich habe Papa gefragt, während er mein Rad reparierte. Also Papa hat Mama nicht angefahren mit dem Auto. Überhaupt hat Papa wenig gemacht.

Papa hat es so erzählt: Papa kam immer mal in die Firma, in der Mama damals arbeitete. Mama fand Papa wohl sehr nett. Sie haben ein paar Worte gewechselt, aber mehr war nicht. Mama hat irgendwann mal Papa in der Gegend, in der sie wohnte, gesehen. Da haben sie sich aber nur gegrüßt. Mama fand Papa aber schon irgendwie „interessant", wie Papa erzählte. Mama hat gewartet, bis Papa mal gegen Feierabend in ihre Firma kam. Und sie hat zu ihm gesagt: „Ach, könnten Sie mich heute mit nach Hause nehmen? Wir wohnen doch in derselben Gegend. Mein Auto ist nämlich in der Werkstatt." Zum Dank hat Mama Papa auf einen Kaffee eingeladen, und Papa hat sich angeboten, sie am nächsten Morgen zur Arbeit zu fahren. „So hat alles angefangen, mit deiner Mutter und mir", sagte Papa und grinste mich an. „Später hat mir deine Mutter dann gebeichtet, dass ihr Auto gar nicht wirklich kaputt war. Warum willst du das denn alles wissen?"

„Ach, nur so", hab ich geantwortet und nachgedacht.
Also, was weiß ich jetzt über das Kennenlernen: Kaffee und
Auto sind scheinbar ganz wichtig dabei. Und es muss auch
nicht unbedingt der Mann zur Frau was sagen; es geht auch
umgekehrt. Ich könnte also warten, bis Antje mich anspricht.

Aber was, wenn sie es nicht tut?

Wäre natürlich super, sie hätte mal einen Platten an ihrem
Fahrrad und ich würde zufällig vorbeikommen.
Da könnte ich ihr helfen.

Nach dem Schlauchflicken haben wir in dem Ort ein dickes Eis
gegessen und sind wieder zurück in unser Ferienhaus gefahren.
Papa meinte, wir hätten durch das Schlauchflicken so viel Zeit
verloren, dass es bis zu dem Fischerdörfchen zu weit wäre. Nico
hat kein bisschen über den Gegenwind gemeckert. Und später
gab's auch noch Pommes für alle (für mich mit viel Mayo).
„Morgen legen wir uns aber wieder an den Strand", meinte
Papa, „das ist weniger aufregend."
Meine Eltern haben überhaupt nicht mit Nico geschimpft.
Ich auch nicht.

Irgendwie finde ich das toll an unserer Familie.
Jeder macht da zwischendurch einen Höllenmist.
Aber keiner ist wirklich lange auf den anderen sauer.

Sollte man ein Mädchen/ einen Jungen die ganze Zeit angucken, wenn man ihn nett findet?

Sollte man als Junge der Mutter des Mädchens Blumen mitbringen, wenn das Mädchen ihn zu sich nach Hause eingeladen hat?

Sollte auf jeden Fall der Junge den ersten Schritt zum Kennenlernen machen?

Wenn du den Jungen nicht nett findest, musst du dich als Mädchen trotzdem mit dem Jungen verabreden, wenn er dich darum bittet?

Was sagst du zu einem Mädchen/ einem Jungen auf der Straße, wenn du es/ihn kennenlernen willst?

Wenn du ein Mädchen oder einen Jungen zum Eis einlädst, musst du dann auch ihr/sein Eis bezahlen?

Wie kann man jemandem nett sagen, dass man keine enge Freundschaft mit ihm will?

Die Erfindung des Fahrrads

Draisine: Vorläufer des Fahrrads
von Karl Drais erfunden,
ca. 1817

Das erste Fahrrad mit Tretkurbel
wurde wahrscheinlich 1862 erfunden. Die Tretkurbel war direkt am
Vorderrad. Es gab keine Kette.

Erst mit der Erfindung der Stahlspeichen
wurde das Fahrrad belastbarer und stabiler.
Auffällig ist die unterschiedliche Größe der
beiden Räder: Das Aufsitzen bedurfte großer Geschicklichkeit.

Unglaublich

- Fast 270 Kilometer pro Stunde betrug die höchste Geschwindigkeit, die je ein Mensch auf einem Fahrrad erzielt hat: Der Holländer Fred Rompelberg erreichte sie 1995 im amerikanischen Utah. Da war er schon 50 Jahre alt.

- Die schnellste Erdumrundung auf einem Fahrrad hat nur 195 Tage gedauert.

- Es gibt grob geschätzt 1 Milliarde Fahrräder auf der Erde. Das entspricht ungefähr der doppelten Anzahl der existierenden Autos.

Mountain Bike

12. Adamo, der langweilige Adonis

Die nächsten Tage verbrachten wir meistens am Meer, mit
reichlich Sonnenmilch. Nico toastete sich weiterhin möglichst
gleichmäßig in der Sonne, Papa und Mama lasen viel,
zwischendurch spielten sie mit mir. Auf Sandburgenbauen hatte
ich keine Lust mehr.
Irgendwann kam der Muskelprotz mit einer Flasche Sonnenmilch
in der Hand durch den Sand auf uns zugestapft.
Also genauer: Auf Nico zu.
Ich dachte:

Was will
der denn?

Mama und Papa glotzten ihn an,
Nico blinzelte zu ihm hoch – die Sonne blendete sie.
Da kniete er sich neben sie und sagte: „Hallo, ich heiße Adamo."
Meine Schwester brachte ein „Hi" raus, und „Ich heiße Nico ...,
also Nicola."
Er lächelte wie in so einer Zahnpastawerbung und fragte
tatsächlich: „Soll ich dir den Rücken eincremen?"
Nico kriegte große Augen: „Ich bin schon eingeschmiert."
„Ach so", meinte er nur. „Sollen wir ein bisschen am Strand
entlanggehen?"
Nico schaute zu Mama und Papa, die total überflüssig grinsten.

Mein Gott, war das eine peinliche Situation. !!!!

Ich dachte aber auch: Aha, man kann sich kennenlernen
ohne kaputtes Auto oder Fahrrad, nur mit 'nem Fläschchen
Sonnenmilch. Aber was sollte ich in der Schule mit Sonnen-
milch? Ich konnte ja wohl kaum in der Frühstückspause zu
Antje an den Platz gehen und fragen: „Soll ich dir den Rücken
eincremen?"
Ich musste kurz laut auflachen bei der Vorstellung.
Nun schauten mich alle an.
„War nicht wegen euch!", beeilte ich mich zu sagen.
„O. k.", sagte Nico jetzt zu dem Angeber, worauf der wieder
von den Knien aufstand, sich an meine Mutter wandte und
sagte: „Ich bringe sie Ihnen in einer Stunde wieder zurück, ja?!"
„Darum möchten wir bitten", meinte mein Vater und versuchte,
ein freundliches, aber auch strenges Gesicht zu machen.

Mama, Papa und ich schauten den beiden nach, wie sie zum
Wasser und dann parallel zum Meer spazierten.
Mama seufzte und Papa nuschelte nur: „Adamo!", woraufhin
meine Mutter losprustete.

Ich weiß echt nicht, was an dem dämlichen Namen so lustig ist.
Aber wie der mit seiner Sonnenmilch da angewatschelt kam …
Und dann fragte ich mich gerade, ob die Creme nur Milch
heißt, weil sie weiß ist, als ich Papa sagen hörte: „Heute ist der
Meeresspiegel wieder ganz glatt. Fast kein Wellengang."

Adamo

101

brechende Wellen

schwimmende
Flügel

Schirm
mit Bildern

Spiegel im
Meer

Milch für die Sonne

„Weißt du noch, die gigantischen Wellen, die sich damals in
Frankreich am Strand brachen?", erinnerte sich meine Mutter.
„Da war Nico noch so klein. Einmal hat eine Welle einen von
den Schwimmflügeln plattgemacht. Nico hat so einen
Schrecken bekommen."
Plötzlich wurde ich aufmerksam und dachte: Wie komisch die
Worte klingen: Schwimmflügel, mit denen man schwimmt, statt
zu fliegen, Wellen, die brechen ... Brechen die dann durch oder
kotzen die?, fragte ich mich. Und was hatte Papa eben gesagt:
Kein Wellengang? Können Wellen gehen? Nur wenn sie nicht
brechen? Und kann man sich im Meeresspiegel sehen? Kein
Wunder, dass Sonnenmilch nicht von der Kuh stammt. Ich sah
das Handtuch, das nicht für Hände war – jedenfalls nicht nur,
sah Nicos Handy darauf liegen (sie hatte es tatsächlich vergessen ... oh, oh) mit dem Bildschirm, den man nicht aufspannen
konnte ... Ich lachte wieder und Papa meinte: „Du hast aber
Spaß, was!"

Ja, hatte ich, denn ich wollte mit diesen komischen Wörtern
ein Gedicht machen. Ich habe echt Tage dafür gebraucht
(dichten ist gut bei Regen). Immer wieder habe ich was
verändert, aber irgendwann war es fertig. Es soll mich aber
nie einer fragen, wie ich auf Simone Esser gekommen bin.
„Esser" ist klar, reimt sich auf „Gewässer".
Irgendwann wird das mal ein Thema: Ich und die Namen in
meinen Gedichten ... Aber egal, über das Gedicht könnte ich
mich jedes Mal neu abrollen.

Die Mär von der Meerjungfrau

Dies ist die Mär der Meerjungfrau,
ihr Name sei Simone Esser,
sie reitet auf den spitzen Wellen
im südatlantischen Gewässer.

Meer, sag nur, bist du nicht stolz?
Du darfst mich immer tragen.
Da sieht man, wie die Wellen sich
vor Lachen überschlagen.

Die Meerjungfrau betrachtet sich
verliebt im Meeresspiegel.
Oh, ihr Wellen, seid mein Kamm,
mit dem ich meine Haare striegel!

Ach, Meerjungfrau, schäumt das Meer,
das kann ich dir versprechen:
Sobald die Wellen dich betrachten,
müssen sie schon brechen.

Simone schluchzt und jammert,
mit Brandung in den Augen.
Nicht mal das weite, tiefe Meer,
darf solche Worte sich erlauben.

Das Meer, beschämt, sagt:
Königin bist du, Simone,
die Wellen setzen auf dein Haupt
von ihrem Schaum die Krone.

Die Meerjungfrau betrachtet sich,
von Wellenschaum gekrönt,
und hat voll sel'ger Dankbarkeit
sich mit dem Meer versöhnt.

Tja, Nico hat es keine Stunde mit ihrem Adamo-Adonis ausgehalten. Nach kurzer Zeit kam sie wieder.

Mama und Papa haben ihre Bücher sofort beiseitegelegt. Ich probierte gerade an meinem Gedicht herum, hörte aber dann doch mit, was Nico erzählte. Der Muskelprotz und Sandburgenkiller war anscheinend ein echter Langweiler.

„Boah", schimpfte meine Schwester, während sie das Badetuch ausschüttelte (das Handy hatte sie vorher in Sicherheit gebracht). „Der hat nur von sich gequatscht. Dass er jeden Tag ins Fitnessstudio geht, dass er total gerne mit seinen Kumpels rumhängt, dass er gerne Party macht und Spaß haben will und mal einen Club aufmachen will, damit er sich das Leben leisten kann, das er sich vorgestellt hat, und nur so 'nen Müll ..."

Papa und Mama schauten sich an und mein Vater fragte: „Und den Rest von der halben Stunde? Was habt ihr da geredet?"

Nico zog die Schultern hoch. „Keine Ahnung, wenn er mit seinem Text durch war, hat er wieder von vorne angefangen. Mich hat er gar nichts gefragt. Und immer hat er so an sich heruntergeguckt, mit einem Blick, als wollte er sagen: Bin ich nicht ein cooler Typ?!"

Mama grinste und fragte: „Und dann?"

Nico schaute schon wieder auf ihr Handy. „Was – und dann?"

„Na, wieso bist du schon wieder da?" Sie schaute zu Papa.

„Und er wollte dich doch wieder zurückbringen, hatte er gesagt."

„Ich hab ihn nicht mehr ausgehalten. Irgendwann hab ich zu ihm gesagt: Pass auf, Adamo, mir wird langweilig. Erzähl den Rest deinen Kumpels oder den Wellen oder wem auch immer! Dann hab ich mich rumgedreht und bin zurück."

WOW!

Ich finde meine Schwester einfach supercool.

Und dann kamen die Regentage ...

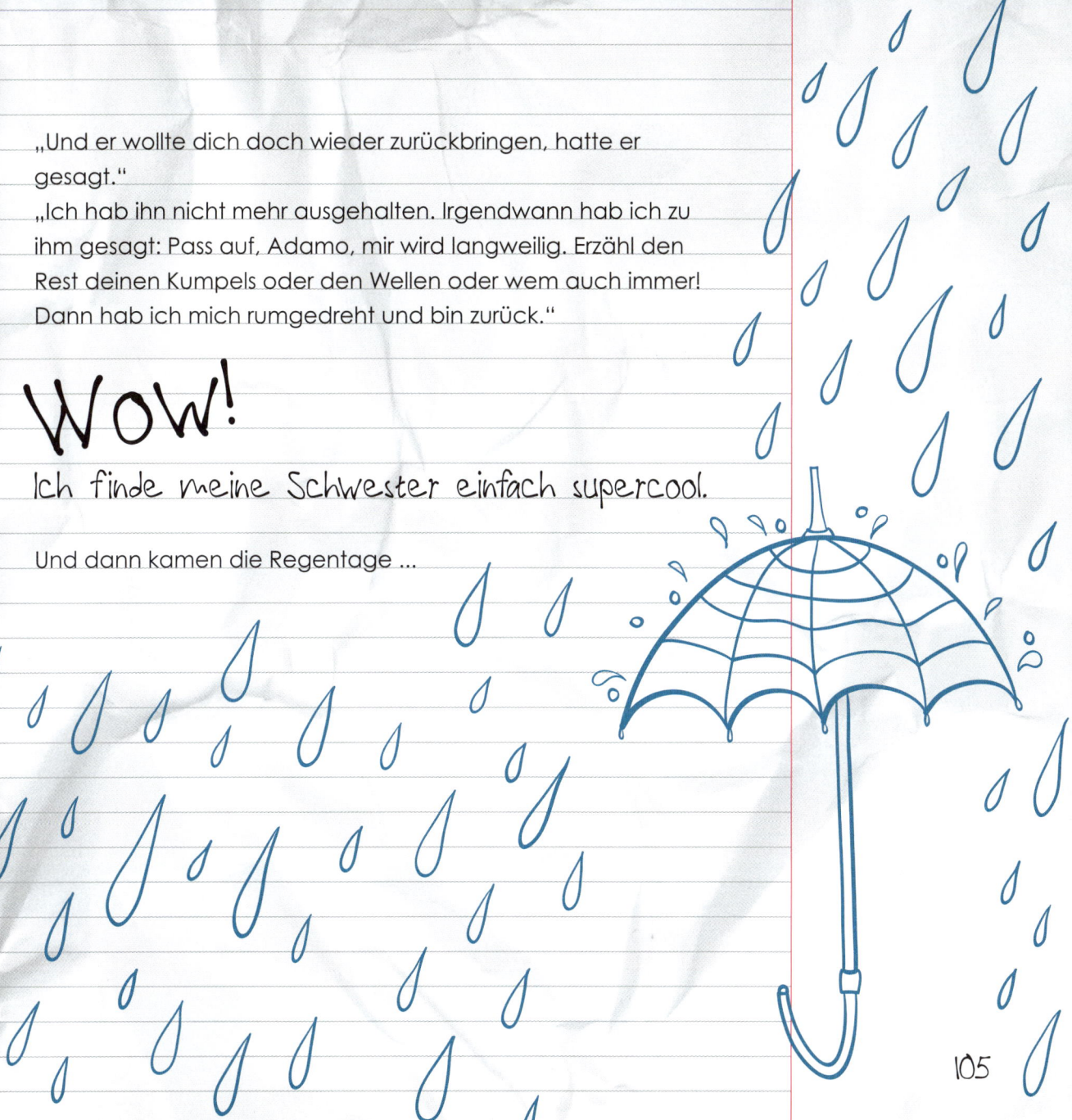

Metaphern

Die Metapher ist ein Vergleich ohne Vergleichswörter wie „als" oder „wie".

Beispiele:
- Papa lobt Mama manchmal in den Himmel.
- Patrick hat Nico fast das Herz gebrochen.
- Nico hat den Nagel auf den Kopf getroffen. (Ja, Adamo ist ein Langweiler.)

Tote Metaphern

Tote Metaphern sind Wortbilder, deren bildhaften Inhalt man gar nicht mehr wahrnimmt.

Beispiele:

· Stuhlbein

· Handschuh

· Turteltaube

13. Eine tierisch romantische Affäre

"die Zeit totschlagen" – Ist das jetzt eine tote Metapher?

Die nächsten Tage konnten wir nicht an den Strand und auch keine Radtouren machen, denn es regnete fast pausenlos. Dazu kam ein starker Wind, dass man schon klatschnass war, wenn man nur mal kurz vor die Türe ging. Wir schlugen die Zeit mit Lesen, Nintendo DS (ja, ich hatte ihn mit) und Gesellschaftsspielen tot. Ich dachte, Nico musste echt schon platte Finger haben vom vielen Tippen in ihr Handy. Sie sagt ja immer, sie würde "nur ein bisschen" mit ihren Freundinnen schreiben. Ich weiß nicht, ob sie ihnen jedes Mal schreibt, dass sie Luft holt. Anders kann ich mir das Dauergetippe nicht erklären. Ich wusste nicht, wie viele Nachrichten Nico bekam, denn Mama hatte darauf bestanden, dass sie den Ton am Handy ausstellte. Vorher hatte es alle paar Minuten gehustet. Als der Wetterbericht dann verkündete, dass es am kommenden Tag zumindest nicht regnen würde, machte Papa den Vorschlag, durch den Wald in der Nähe zu wandern. "Mit Rucksack, Picknick und einem fröhlichen Wanderlied auf den Lippen", wie er sagte.

Ich singe nicht, hab ich geantwortet.
Ich auch nicht, meinte Nico.

Wahnsinn, meine Schwester und ich waren uns einig.

„Aber du weißt schon, dass im Wald wahrscheinlich kein Empfang ist", sagte ich und grinste.

„Wer hat denn gesagt, dass ich mitwandere?", fragte Nico schnippig.

„Alle kommen mit", bestimmte Mama. „Keine Ausnahme!" Der Ton in der Stimme meiner Mutter ließ keinen Protest zu.

„Warum nehmen wir nicht die Räder?", fragte ich.

Papa erklärte: „Nach dem langen Regen ist der Boden im Wald zu weich. Mit meinem Rennrad kann man da gar nicht mehr auf den Waldwegen fahren."

„Nico nimmt dich hinten drauf", sagte ich.

Wir marschierten los. Papa hatte wieder eine Karte. Aber er sang nicht. Ich fand das Wandern dann doch klasse. Nach dem langen Rumhocken im Haus hatte ich einfach total Bock auf Bewegung. Der Waldboden roch gut. Die Bäume standen dicht und die Baumkronen ließen kaum Licht hindurch, sodass man nicht tief ins Unterholz links und rechts des Weges schauen konnte. Das sah fast unheimlich dunkel aus. Wenn Nico nicht quatschte, war es ganz still im Wald. Man hörte ein paar Vögel und ab und zu Geraschel im Unterholz.

Einmal fragte Nico: „Was raschelt da so?"

Papa antwortete: „Wahrscheinlich Bären. Könnten aber auch Wölfe sein." Danach stellte Nico lange keine Fragen mehr und es war wieder ganz still. Der Boden war tatsächlich ziemlich aufgeweicht von dem Regen der letzten Tage. Nico und ich hatten keine wirklich geeigneten Schuhe zum Wandern. Ich

wusste, dass Nicos Schuhe die Grundfarbe Pink hatten (wie fast alles bei Nico), aber davon war inzwischen nichts mehr zu sehen.

Komischerweise beklagte sie sich gar nicht, obwohl sie es schon gesehen haben musste. Wahrscheinlich wusste sie, dass sie von ihrer Familie wegen ihrer Schuhe kein Mitleid erwarten durfte. Papa hätte wahrscheinlich gesagt: „Geh barfuß, dann bleiben die Schuhe sauber." Oder so was Ähnliches.

Nach ungefähr zwei Stunden Wanderung kamen wir an ein kleines Flüsschen. Gleichzeitig erschien zum ersten Mal seit Tagen die Sonne zwischen den Wolken und Mama meinte: „Das ist ja ein traumhaft schönes Plätzchen für unser Picknick." Keiner protestierte, schon allein deshalb, weil wir alle unbedingt mal ausruhen wollten. „Wir picknicken auf dem Stein", schlug Papa vor. Mitten in dem Flüsschen lag ein Felsen, der auf der Oberfläche ganz glatt und eben war. Er war gerade so groß, dass wir alle bequem draufpassen würden und uns auch ein bisschen breitmachen konnten. Mit beherzten Sprüngen schafften wir es mit trockenen Füßen auf den Felsen – auch Nico. Mama breitete eine Decke aus und stellte allerlei Essenssachen darauf, die sie und Papa im Rucksack mitgenommen hatten. Während wir aßen und tranken, schaute ich mich um und dachte: Das ist ja die total kitschige Idylle. Das Wasser des Flusses floss plätschernd um den Stein herum, auf dem wir saßen. Man konnte manchmal Fische darin sehen. Die Sonne schien auf das Wasser und die noch feuchten Blätter an den

Büschen und ließ alles glitzern. Über der Wasseroberfläche flogen Libellen und Schmetterlinge kreuz und quer. Und wie durch ein Wunder stießen sie nie zusammen. Weil es so schön war und auch, weil wir alle den Mund voll hatten, sagte keiner was. Ich dachte: Das muss man in einem Gedicht festhalten. Aber was soll man da schreiben? Das würde fürchterlich kitschig klingen. Und plötzlich sagte Nico in die Stille: „Wie küssen sich eigentlich Libellen?"

„Frag sie mal!", meinte ich, während ich eine Entenfamilie beobachtete, die an unserem Stein vorüberschwamm. Und im nächsten Moment sah ich den Biber am Uferrand. „Pscht!", sagte ich. „Da!" Alle schauten hin. Seine Schnauze pflügte durch das Wasser. Hinten ging sein breiter Schwanz wie in Zeitlupe hin und her und bewegte ihn vorwärts.

Wir schienen ihn gar nicht zu stören. Plötzlich tanzte ein Schmetterling am Ufer über seinem Kopf in der Luft. Das sah schon lustig aus. Als wollte er den Biber auf sich aufmerksam machen.

„Pass auf, Nico", flüsterte Papa, „gleich küssen sich die beiden."

„Die zwei haben schon lange 'ne Affäre", ergänzte ich ebenso leise.

Nico schaute mich an. „Woher weißt du denn, was 'ne Affäre ist?"

„Weiß ich gar nicht, aber die haben eine", antwortete ich.

Mama prustete los. Im nächsten Moment tauchte der Biber unter.

„Schade", sagte ich.

Papa meinte: „Die Beziehung zwischen den beiden hatte sowieso keine Zukunft."

„Wieso nicht?", fragte Mama und grinste.

„Zu unterschiedliche Vorstellungen vom Leben. Das kann nicht gutgehen."

„Wir schaffen es doch auch, du kuscheliger Biber", neckte Mama.

„Bis jetzt, mein kleiner flatterhafter Schmetterling", sagte Papa, beugte sich zu Mama und gab ihr einen Kuss.

„Jetzt kannst du immerhin beobachten, wie sich Biber und Schmetterling küssen", sagte ich zu meiner Schwester.

„Oh Gott, wenn Mama und Papa wieder romantisch werden, sitzen wir hier natürlich wieder bis zum Sonnenuntergang", meinte Nico spitz.

„Keine Sorge", tröstete sie Papa, „es geht schon weiter. Wir haben noch ein ordentliches Stück Weg vor uns."

Am späten Nachmittag kamen wir wieder am Haus an. Wir hatten uns kein einziges Mal verlaufen, vielleicht weil Papa kein Navi für Waldwege hatte. Wir waren total k. o. und mir fielen fast schon die Augen zu, als wir am Tisch saßen und zu Abend aßen. Auf dem ganzen letzten Wegstück hatte ich darüber nachgedacht, ob nicht doch Schmetterling und Biber Freunde werden könnten. Aber es schien aussichtslos zwischen den beiden. Papa hatte recht: Sie haben zu unterschiedliche Vorstellungen vom Leben. Der eine lebt am liebsten im Wasser, der andere am liebsten in der Luft. Aber der Gedanke ließ mich nicht mehr los. Das Gedicht habe ich aber erst später mal in den Ferien geschrieben. Am nächsten Morgen hat Nicos Gejammer am Frühstückstisch zu meiner ersten Dichtung vor Publikum geführt. Davon und von Nicos Gejammer erzähle ich morgen, aber das Gedicht über die angeblich aussichtslose Freundschaft kommt jetzt:

Der Biber
und der
Schmetterling

Der Biber sagt zum Schmetterling:
Du süßes kleines Flatterding!
Seit über einer Stunde
fliegst du hier Rund' um Runde.
Und er begann zu hauchen:
Komm, lass uns doch mal tauchen.

Du nasser kleiner Biber,
ich glaube, du hast Fieber!
Was soll ich wohl im Wasser tun?
Bin ich vielleicht ein Wasserhuhn?
Doch suchst du meine Nähe,
komm mit mir in die Höhe.

Oh Schmetterling, du hast ja Recht
Doch so weit oben wird mir schlecht.
Und bei dem Gedanken
kommt er schon ins Wanken.
Der Schmetterling, er lächelt matt
und setzt sich auf ein nahes Blatt.

Die Lüfte sind wohl nicht der Ort,
spricht er von dem Aste dort.
Aber auch die Wasserflut
tut unserer Freundschaft gar nicht gut.
Nur noch auf der Erden
können wir Freunde werden.

Der Biber sagt ganz munter:
Dann komm jetzt endlich runter!
Da konnte man im Walde sehn,
wie zwei sich auf der Stelle drehn.
Der Schmetterling auf Bibers Nase,
tanzten sie vergnügt im Grase.

Fragen an Dr. Winter

Ich finde einen Jungen nett. Er findet mich auch nett, spüre ich. Aber wir kennen uns noch wenig. Wie finde ich heraus, ob wir zueinander passen? Das ist doch wichtig, oder?! Er findet Fußball toll und ich tanze gerne.

Lena, 12 Jahre, aus Köln

Liebe Lena,

schön, dass du einen Jungen nett findest, und dass er dich auch nett findet. Das ist ein guter Anfang. Ob ihr auf Dauer zueinander passt, wird sich erst herausstellen, wenn ihr mehr miteinander unternommen habt. Also lasst euch Zeit mit dem Kennenlernen.

Ich hoffe, er interessiert sich für dein Hobby Tanzen und du kannst ihn ja mal was zum Fußball fragen, oder ihn zum Training begleiten, wenn du das möchtest und er das schön findet. Findet auch heraus, was ihr beide interessant findet. Das Leben besteht nicht nur aus Tanzen und Fußball. Man kann ja auch das ein oder andere ohne den anderen machen und ihm nachher davon erzählen. Und wenn jeder dem anderen gerne dabei zuhört, dann passt ihr wohl auch gut zusammen.

... Klasse. Wie kann ich ihr sagen dass, ... finde und

Was bedeutet es, wenn man sagt:
Die beiden passen zusammen?

gleiche Hobbys

streiten sich selten

○ finden denselben Sport gut

14. Mit Kaugummi und korrekter Rechtschreibung

Am nächsten Morgen schien endlich wieder die Sonne.
Wir hingen alle noch ein bisschen k. o. von der Wanderung
am Frühstückstisch. Nico saß schon bei uns

(Hatte sie heute Morgen nicht geduscht???)

und nervte mit ihrem Gejammer:
„Boah, mir tun die Füße weh! ... Ich kann keine Bäume mehr
seh'n! ... Ich fühle mich, als wäre ich einmal um die Erde
gelatscht! ...Und meine Schuhe sind total im ...“
„Nicooooooo!", unterbrach sie meine Mutter.
Papa zeigte mit seinem Finger auf Nico und erklärte: „Die
Schuhe kannst du putzen. Bäume musst du heute keine sehen,
denn wir können an den Strand, weil die Sonne scheint, und
deine wehen Füße kannst du im Meer kühlen. Also Schluss mit
der Meckerei! Davon abgesehen bin ich auch nicht der große
Wanderer ...“

„Und was bist du dann?", fragte ich und grinste.
Mein Vater schaute mich an und sagte – ebenso grinsend:
„Wahrscheinlich ein anderer.“
„Das reimt sich ja, Theo", erklärte mir meine Schwester. Aber das
hatte ich natürlich schon gemerkt. „Mach schnell ein Gedicht
draus, kleiner Poet.“
„Wahrscheinlich hab ich schneller ein Gedicht geschrieben als
du aufhören kannst zu jammern", ätzte ich.
„Okay, ich jammere nicht mehr! Und, hast du dein Gedicht
schon fertig?“

„Sehr witzig", sagte ich.

„Trotzdem eine gute Idee, daraus ein Gedicht zu machen",
meinte Mama.

„Ja, und wir gucken dir dabei über die Schulter", schlug Papa vor.

„Was?", brachte ich nur raus.

„Au ja!", jubelte Nico. „Wir schauen dem Genie bei der Arbeit zu."

„Ihr spinnt!"

Mama sagte: „Also mich interessiert das ehrlich. Wie du mit dem
Dichten anfängst, welche Wörter du wieder änderst und so ...
Ich fand dein Gedicht mit der Sonne, die ins Wasser fällt, so toll.
Aber ich weiß nicht, wie bei dir ein Gedicht entsteht, wie ein
Wort zum anderen kommt."

Papa begann, den Tisch abzuräumen. „Damit du Platz hast zum
Schreiben."

„Aber wir wollten doch zum Strand", warf ich ein.

„Wir gehen danach", meinte Nico, während sie sich frische
Kaugummis in den Mund steckte.

Meine Familie meinte das tatsächlich ernst mit dem Gedicht.

„Und ihr wollt mir zugucken, während ich schreibe?"

Alle nickten. Ich konnte es nicht glauben. Meine Familie ist
irgendwie verrückt. „Was für ein Gedicht soll ich denn
überhaupt schreiben?"

Nico knatschte zweimal laut auf dem Kaugummi und sagte:
„Na, eins mit 'nem Wanderer."

„Mit 'nem Wanderer?", fragte ich ratlos.

„Ich hab 'ne Idee, wie das Gedicht heißen soll", mischte sich
Papa ein.

„Und?" Ich schaute ihn an.

„Ein Wanderer und ein anderer!" Er legte ein großes Blatt
auf den nun leergeräumten Frühstückstisch.

Ich war ziemlich sprachlos. Aber da war noch ein anderes
Gefühl in mir. Es war Stolz. Nico hatte gesagt, Gedichte wären
was für Omas. Aber nun wollte sogar sie wissen, wie ich ein
Gedicht schreibe – und meine Eltern auch. Und es strömte noch
ein anderes tiefes, warmes Gefühl in meinen Bauch. Ich glaube,
das war Glück.

Ich schrieb den Titel des Gedichtes, den Papa vorgeschlagen
hatte, oben auf das Blatt.

„‚anderer' schreibt man übrigens klein", sagte meine Mutter.

„Jetzt stör den Meister nicht mit deinen kleinlichen Recht-
schreibregeln!", schimpfte Nico.

Ich strich das große A durch und schrieb ein kleines a darüber.
Es war meine erste Verbesserung.

Tja, und es wurde meine Pointe.

Ich weiß gar nicht, wie lange ich an dem Gedicht gesessen
habe, aber irgendwann war es fertig. Und meine Familie hatte
es geschafft, nicht ein einziges Mal dazwischenzureden. Sie
haben mir total geduldig die ganze Zeit zugeguckt.

Wahnsinn!

Ich glaube, Nico hat es sogar meistens geschafft, ihren
Kaugummi leise zu kauen.

Pointe:

[geistreicher]
überraschender
[Schluss]effekt in
einem Ablauf,
besonders eines
Witzes (duden online)

118

Ein Wanderer und ein Anderer

Ein Wanderer wandert von Ort zu Ort
Ein anderer mag schon nicht das Wort
Ein Wanderer durchquert ein großes Tal
Ein anderer empfindet das Wandern als Qual
Ein Wanderer stört sich an Wind und Regen nicht
Ein anderer hat schon ein rotes Gesicht
Ein Wanderer erreicht sein Ziel
Ein anderer verläuft sich viel
Ein Wanderer fühlt sich zum Wandern getrieben
Ein anderer wird immer kleingeschrieben

Dann haben wir das Gedicht zusammen gelesen. Papa und ich
die Zeilen vom Wanderer, Mama und Nico die vom anderen
(kleingeschrieben). Wir haben uns totgelacht.
Aber weil endlich wieder die Sonne schien, wollten wir alle
unbedingt an den Strand. Und bald war der Urlaub ja auch
zu Ende.

An dem Tag am Strand habe ich mit Nico ein ganz wichtiges
Gespräch gehabt. Und da Mama und Papa nach einem
Strandspaziergang offensichtlich einen Clown verschluckt hatten,
ist an dem Tag auch noch ein Familien-Gedicht entstanden ...

Spannendes zum
Thema „Wandern“:

Wandern ist heutzutage eine Freizeitbeschäftigung und ein Sport. Vor der Erfindung von Auto und Eisenbahn war es die einzige Möglichkeit für Menschen, sich fortzubewegen, wenn sie keine Pferdekutsche hatten oder bezahlen konnten.

Es gibt Nachtwanderungen, die man nicht mit Nacktwanderungen verwechseln sollte. Denn die gibt es tatsächlich auch. Man trifft Nacktwanderer aber wesentlich seltener auf Wanderungen als Nacktschnecken.

Wandernde Steine im Death Valley
Mehrere Kilogramm schwere Steine legen wie durch Geisterhand Hunderte Meter zurück und hinterlassen Schleifspuren im Sand. Wie kann das sein? Schieben Sandstürme die Kolosse durch den Sand? Hat es mit Magnetismus zu tun? Oder sind gar Außerirdische am Werk? Lange Jahre fanden die Wissenschaftler keine Antwort. Nun ist das

Geheimnis wissenschaftlich entschlüsselt. Geologen hatten die Steine mit GPS-Sendern versehen und Kameras verfolgten die Stein**wanderung.** Bis zu 6 m pro Minute wanderten die Steine. Die Begründung: Im Winter füllt sich die Fläche mit Schmelzwasser aus den Bergen, das in den kalten Wüstennächten gefriert. Wenn es morgens taut, lösen sich einzelne Eisschollen von erheblichem Umfang, in denen die 15 Kilo schweren Steine stecken. Die werden von starken Winden bewegt und transportieren die Steine.

Das Rätsel ist nun also gelöst? Nein, nur zum Teil. Denn wieso auch ein 500 Kilo schwerer Stein immer wieder umherwandert, dafür haben die Wissenschaftler noch keine Erklärung.

Zitate zum Wandern:

„Der Weg ist das Ziel."
(Konfuzius, chinesischer Philosoph, vermutlich 551 v. Chr. – 479 v. Chr.)

„Ich bin dann mal weg."
(Hape Kerkeling, deutscher Komiker und Autor, *1964)

„Was ich nicht erlernt habe, das habe ich erwandert."
(Johann Wolfgang von Goethe, deutscher Dichter, 1749 – 1832)

„Der Berg ruft!"
(Luis Trenker, italienischer Bergsteiger und Schauspieler, 1892 – 1990)

Ich ging im Walde
So für mich hin,
Und nichts zu suchen,
Das war mein Sinn.

*Gefunden (Ausschnitt) –
Johann Wolfgang von Goethe*

15. Eine bescheuert tolle Familie

Unser Strandtag verlief so ungefähr wie die vergangenen. Wir schleppten den halben Hausstand zum Meer, suchten ein freies Plätzchen, breiteten uns da aus, und Nico knallte sich in die Sonne, nachdem wir uns alle eingecremt hatten. Wir bauten keine Sandburg mehr, und es kam auch kein Muskelprotz, um Nico zu langweilen (tatsächlich kam auch kein anderer Verehrer). Irgendwie lag eine Stimmung in der Luft, die mit dem Ende unseres Urlaubs zu tun hatte. Mama und Papa hatten sich irgendwann zu einem Strandspaziergang aufgemacht. Ich saß auf einer Badematte und hing meinen Gedanken nach. Nico lag neben mir auf ihrem Badetuch und röstete sich möglichst gleichmäßig in der Sonne. Ich hatte so eine Ahnung, dass Nico zum letzten Mal einen Familienurlaub mitgemacht hatte. Vielleicht wäre sie auch diesmal mit einer Jugendgruppe weggefahren, wenn sie nicht kurz vorher mit Patrick Schluss gehabt hätte. Und Mama hatte mich auch schon gefragt, ob ich nicht nächstes Jahr mit „Gleichaltrigen" wegfahren wollte. Ich dachte, ja, kann sein. Und trotzdem waren das tolle Ferien gewesen. Mit dieser Familie ist es immer lustig. Und wenn ich mal kurz ernst sein darf: Auch wenn mich Nico meistens total nervt, finde ich sie klasse und hab sie superlieb. Ohne groß

Abschied vom Meer

nachzudenken, drehte ich mich zu meiner Schwester, die
neben mir auf ihrem Badetuch lag und sagte es genau so:
„Auch wenn du mich meistens total nervst, finde ich dich klasse
und hab dich superlieb."

Nico blinzelte zu mir hoch, unterbrach ihr Kaugummikauen
und setzte sich auf. Dann schlang sie ihre Arme um meinen
Hals, gab mir einen Kuss auf die Backe und sagte: „Du bist
mein absoluter Lieblings-Theo. Und das wirst du immer bleiben!"

„Darf ich dich mal was fragen, Nico?"

„Was?"

„Patrick und du, wie habt ihr euch kennengelernt?
Also, ich meine, hat er dich angesprochen oder du ihn?
Hat er dich vielleicht angefahren?"

Nico lachte laut auf. „Warum willst du das denn wissen?"

„Sag doch mal!"

„Also, er wollte mich anfahren, ging aber nicht, sein Porsche
war in der Werkstatt. Da hat er mich umgerannt!" Nico kriegte
einen irrwitzigen Lachanfall. Ich dachte schon, die erstickt mir
hier gleich.

„Patrick hat doch noch gar keinen Führerschein."

„Deshalb konnte er den Porsche ja auch nicht aus der Werkstatt
holen." Der nächste Lachanfall. Plötzlich schaute mich Nico
ganz ernst an und fragte: „Wie heißt sie denn?" Ich wollte
protestieren, da wedelte sie mit dem Zeigefinger vor meinem
Gesicht. „Los, spuck es aus!"

„Sie heißt Antje." Jetzt war's raus.

„Und du weißt nicht, wie du sie ansprechen sollst ..." Ich nickte.

„Ist sie in deiner Klasse?" Ich nickte ein weiteres Mal. „Ich hätte so zehntausend Vorschläge, nenne aber nur ein paar ... Also:

ob das klappt?

> Hilfst du mir bei Mathe?
> Willst du was von meinem Apfel?
> Hast du neue Schuhe? Die sehen cool aus!
> Sollen wir heute Nachmittag Eis essen gehen?
> Sollen wir zusammen für die Arbeit üben?

... Brauchst du noch mehr Ideen?" Ich schüttelte den Kopf, denn mir wurde was klar, und das beichtete ich Nico, weil ich ihr vertraute, und weil ich unbedingt mal reden musste: „Das Problem ist gar nicht so sehr, dass ich nicht weiß, was ich sagen soll. Ich trau mich nicht, überhaupt was zu ihr zu sagen."
Nico malte kleine Halbkreise mit ihren dicken Zehen in den Sand. „Dann sag einfach nix, stell dich vor sie hin und lächle sie an. Das geht auch." Sie machte eine Pause. „Aber wenn du dich nicht traust, hast du also Angst. Und wovor?"
Ich guckte sie an und sagte: „Ist doch klar: Dass sie mir den Vogel zeigt, oder sagt: ‚Spinnst du?', oder andere in der Klasse bekommen das mit und machen sich lustig über mich. Wovor jeder Angst hat, oder?"
Jetzt nickte Nico vor sich hin. „Klar, davor haben alle Angst. Vielleicht auch Antje. Und daher quatscht sie dich auch nicht an. So lernt keiner keinen kennen. Dumm gelaufen."
„Mach jetzt mal keine Witze", bat ich.

„Mach ich auch nicht. Ist deine Angst größer als der Wunsch, Antje kennenzulernen?"

Ich zögerte, dann sagte ich: „Beides ist eben da."

„Soll ich dir mal was sagen?! Wenn dir Antje 'nen Vogel zeigt, dann ist sie 'ne blöde Kuh und du solltest sie vergessen. Und wenn andere das in der Klasse mitbekommen, wenn du sie ansprichst, dann lass sie lachen und blöde Bemerkungen machen. Ich behaupte mal: Die tun das, weil sie tierisch neidisch sind, dass du dich traust, jemanden anzusprechen. Das wollen nämlich viele. Und die meisten tun es nicht, weil sie selber Schiss haben."

Ich wusste, Nico hatte recht. Und ich glaubte noch nicht einmal, dass mich Antje für einen Spinner halten würde. Allerdings wäre mir einfach peinlich, wenn die anderen in der Klasse mitbekommen würden, dass ich Antje nett finde. Andererseits verbrachten Antje und ich in meiner Fantasie sowieso die Pausen miteinander und saßen in der Klasse am selben Tisch. In meiner Fantasie fanden das auch alle klasse und ganz in Ordnung – und keiner lachte.

„Aber wenn ich vielleicht eine tolle Idee hätte, was ich zu ihr sagen könnte, dann würde es mir leichter fallen."

„Du meinst so einen richtig coolen und lustigen Spruch ..."

Ich nickte wieder.

„Also ich glaube, es ist ziemlich egal, was du sagst. Es geht doch nur darum, überhaupt mal zu quatschen. Und was zum Lachen ist gut. Patrick hat mich auf der Aachener Straße angesprochen und gefragt: ‚Wo ist denn hier die Post?'

Ich hab's ihm gezeigt, da fragt er: ‚Und die Sparkasse?' Hab ich ihm auch erklärt, da fragt er weiter: ‚Und der Bäcker und der Metzger und der Supermarkt?' Ich frage: ‚Warum willst du das denn alles wissen?' Und er: ‚Will ich gar nicht wissen. Ich wollte nur mal mit dir quatschen.' Da musste ich lachen. So hat alles angefangen." Ich dachte, das ist saucool, aber das traue ich mich auf keinen Fall.

„Ich weiß was!" Jetzt bekam Nico einen ganz feierlichen Ton in der Stimme. „Sag zu ihr: ‚Soll ich mal ein Gedicht für dich schreiben?' Welches Mädchen träumt nicht davon, dass ein Junge ihr etwas dichtet." Sie schlug mir auf die Schulter. „Und Gedichte schreiben kannst du doch, du Poeten-Theo."

Ich hatte keine Zeit mehr, zu überlegen, ob Nico ihre Idee wirklich ernst meinte, da kamen unsere Eltern von ihrem Strandspaziergang zurück. „Na, genug strandspaziert?", fragte Nico. „Ja", sagte Mama. „Der Wind windete so stark."

„Da sandete uns der Sand in die Augen", meinte Papa.

„Geht's noch?", fragte Nico. „Habt ihr was getrunken?"

„Wir tranken keinen Trank", antwortete Papa. „Und aßen nicht mal ein Essen."

„Wir schritten nur jede Menge Schritte", meinte Mama, „am wässrigen Wasser."

„Was schwätzt ihr denn da bloß für einen Unsinn?", fragte ich.

„Wir schwätzen Geschwätz ...", begann Mama.

Und Papa ergänzte „... aus geworteten Worten."

Die beiden hatten offensichtlich einen irren Spaß. Bei jeder Bemerkung schauten sie sich triumphierend an.

„Ich glaube, unsere Eltern reden dummes Gerede", meinte
Nico, an mich gewandt.

„Keine frechen Frechheiten bitte", mahnte Mama lachend.

„Gehorcht eurer bemutternden Mutter, Kinder!", drohte Papa.

„Glaubst du, dass was aus uns werden kann, mit solchen
Eltern?", fragte mich Nico.

„Höchstens Poeten", meinte ich.

„Höchstens Schwätz-Poeten", ergänzte Nico.

Mama und Papa ließen sich auf den Strandmatten nieder und
Mama sagte: „Au ja, wir schreiben mal ein Gedicht zusammen,
ein Familien-Gedicht."

Nico seufzte. „Du meinst: ein Schwätz-Gedicht."

Wir haben das Gedicht tatsächlich zusammen geschrieben und
waren dabei ziemlich albern. Aber ich finde, das Ergebnis kann
sich hören lassen, also eher lesen lassen. Jetzt hatten wir unser
erstes Familien-Gedicht geschrieben.

Wir konnten gar nicht mehr aufhören
mit unseren Erfindungen, die nicht
alle in das Gedicht passten. Nicht
verwendet wurden: Wir hausten im
Haus, lüfteten die Luft und natürlich
haben wir den Himmel angehimmelt.

Ich dachte zwischendurch:

Ich habe eine bescheuert tolle Familie.

Ein Schwätz-Gedicht

Die Fliege kann fliegen,
der Schein kann nicht scheinen.
Der Sieger konnt' siegen,
doch der Wein kann nicht weinen.

Will der Baum sich bäumen,
im Wind, der sich windet?
Der Schaum kann schäumen,
hier ein Fund, der sich findet.

Kein Bügel, der bügelt,
nur Reiter, die reiten,
kein Flügel, der flügelt,
aber Streiter, die streiten.

Kein Wort kann man worten,
ein Gedicht aber dichten,
und einen Satz kann man setzen,
man muss nur Worte übereinanderschichten.

Du darfst dies Gedicht hier
auch nicht überschätzen.

Es macht keinen Sinn, aber
man kann es schwätzen.

Abends sagte Papa dann: „Bald geht's heimwärts."

Und ich fragte mich:
„Soll ich Antje wirklich ein Gedicht schreiben?"

Mehr Schwätzereien

im Haus hausen

die Luft lüften

ein armer Arm

Liebe Frau Diepholz,

jetzt ist Ihr Heft fast voll.
Als Sie es mir gegeben haben, hätte ich nie gedacht,
dass ich es vollschreiben würde.

Ich wollte doch eigentlich nur um das Auswendiglernen herumkommen.
Und meine Aufgabe war ja nur, ein Gedicht zu schreiben und dann ein
bisschen zu erzählen, wie es zu dem Gedicht gekommen ist.
Aber irgendwie hat sich das verselbstständigt bei mir. Ich konnte – oder
wollte – das nicht so kurz erklären. Es war immer auch eine bestimmte
Stimmung, in der ein Gedicht entstand, manchmal eine ausgelassene oder
sogar alberne, manchmal eine ernste. Und dann habe ich auch Erlebnisse
und Gedanken erzählt, die gar nicht unbedingt mit dem Gedicht zu tun
hatten. Das habe ich gemacht, weil ... ja, weil ich Spaß daran hatte, nicht
nur am Gedichteerfinden, sondern eben überhaupt am Schreiben.
Aber das bedeutet auch, dass Sie jetzt ganz schön viel über mich wissen.
Und das ist mir ein bisschen peinlich. Vor allem natürlich alles, was mit Antje
zu tun hat. Wenn ich denken würde, Sie posaunen das vor der Klasse alles
raus, dann hätte ich Ihnen das Heft ja gar nicht gegeben.
Ich möchte nochmal sagen, dass mir sehr wichtig ist, dass meine
Aufzeichnungen kein anderer liest, und auch keiner was darüber erfährt.
Ich bin natürlich auch neugierig, was Sie zu meinen Gedichten sagen.
Überhaupt muss ich *Danke* sagen.

Das Dichten ist supertoll für mich, und ich wäre vielleicht nie darauf gekommen, wenn Sie nicht Auswendiglernen als Hausaufgabe aufgegeben hätten. (Ich kann übrigens alle meine Gedichte auswendig.)

Ich habe in den letzten Ferientagen noch zwei Gedichte geschrieben. Eins davon steht unten auf der Seite, das über den Milan.

Das andere soll niemand lesen. Es ist ein Gedicht für Antje. Sie wird es wahrscheinlich auch nie zu lesen bekommen. Wahrscheinlich wird es nie jemand lesen, außer mir. Das Gedicht für Antje habe ich für mich selbst geschrieben. Das war ein komisches Gefühl: Ich habe meine Gedanken sortiert, indem ich nach passenden Worten und Formulierungen gesucht habe. Ich konnte nachher in dem Gedicht lesen, was ich denke und vor allem fühle, und ich konnte es viel klarer sehen. Das war schon ein tolles Gefühl – und auch der Grund, warum ich weiter Gedichte schreiben werde, auch wenn es nicht mehr meine Hausaufgabe ist.

Ich werde weiter Tagebuch schreiben. Es macht Spaß und ist so eine total stille Viertelstunde am Tag, in der ich nur für mich bin. Auch das ist toll.

Und deshalb möchte ich mich bei Ihnen für meine Hausaufgabe bedanken. Ich weiß, Sie hatten das eigentlich als Scherz gemeint. Aber es waren die besten Hausaufgaben, die ich je für Sie machen musste.

Zum Abschluss möchte ich Ihnen gerne erklären, warum ich das Gedicht vom Milan geschrieben habe.

Das Gedicht ist der Grund, warum ich ein anderes für Antje geschrieben habe. Das kam so:

Wir sind wieder nach Hause gefahren. Die Ferien waren auch fast zu Ende. Ich freute mich tatsächlich ein bisschen auf die Schule. Vor allem auf Benny, der in der letzten Ferienwoche zurückkommen würde. Ich vermisste ihn dolle. Er ist mein bester Freund und ich hab ihn echt gern. Und natürlich wartete ich darauf, Antje zu sehen. Ich wusste, ich musste den Mut finden, sie anzusprechen. Und der Gedanke daran ließ mein Herz heftig schlagen.

Um mich abzulenken und die Zeit abzukürzen, bis Benny wieder da war, fuhr ich ganz viel mit dem Fahrrad rum. Hinter den Feldern, wo ich das Gedicht über den Frühling geschrieben habe, beginnt ein großer Wald. Da bin ich über die holprigen Wege gefahren und mein Lenkrad hat gezittert von dem unebenen Boden und den dicken Stollen an meinen Reifen. Es war toll. An einer Lichtung habe ich eine Pause gemacht und mich einfach auf den Rücken gelegt.

Da habe ich an meine Mutter gedacht, an meinen Vater, an Nico, an Benny, an meine anderen Freunde, an Antje natürlich ... In dem Moment entdeckte ich einen Milan über mir am Himmel. Man kann ihn an seinem Schwanz und an den Flügelenden gut von Bussarden unterscheiden. Er kreiste genau über mir.

Ich war so froh, dass ich meine Eltern hatte, meine Lieblingsschwester – die mich so viel nerven darf, wie sie will – und Benny, und die anderen Freunde. Ich lag hier allein, aber ich war nicht allein. Das war ein schönes Gefühl. Ich hab dem Milan am Himmel zugesehen, wie er Kreise zieht. Sicher hat er mich gesehen, vielleicht im ersten Moment für eine Riesenmaus gehalten. Und dann kam ein zweiter Milan und zog ebenfalls seine Kreise über mir.

Ich wusste, die waren ein Paar.
Aus der Stimmung habe ich dort auf der Lichtung das Gedicht geschrieben.
Und als ich fertig war mit dem Aufschreiben, da wusste ich, ich würde den
Mut haben, Antje anzusprechen. Ich weiß nicht, wann oder wie, oder was
ich sagen werde, aber ich werde es tun ...

Ach ja, ich habe noch einen Wunsch:
Ich möchte das Heft gerne zurück,
wenn Sie es gelesen haben.

Liebe Grüße

Theo, der Poet

Milan

Über den Bäumen,
den Tälern,
den Weiden, den Seen.

Ohne Zäune,
ohne Schranken,
ziehst du Kreise so schön.

In der Stille,
nur Winde,
ein Rauschen die Luft.

Vor der Sonne,
ein Schatten,
ein kurzer Ruf.

Deinem Blick
entgeht nichts,
was sich regt auf der Welt.

So einsam,
dort oben ...

Ob dir das immer gefällt?

Milane

Der Rotmilan ist ein großer Greif-
vogel (Spannweite bis zu 170 cm), der
ausschließlich in Europa lebt.
Er sucht seine Beute in langgezoge-
nen Gleitflügen, gerne über Feldern.
Fische, die an der Wasseroberfläche
schwimmen, greift er ab, gelegentlich
sogar andere Vögel im Flug. Milane
können bis zu 30 Jahre alt werden.
Der Bestand der Rotmilane gilt als
gefährdet. In der Regel paaren
sich Milane nur für
eine Brutzeit.

Tiere in Partnerschaft

In der Tierwelt gibt es Monogamie. Bei den folgenden Tierarten bleiben die Partner ein Leben lang zusammen (Beispiele): Schwarzbrauenalbatrosse, Brillenpinguine, Gibbons, Seepferdchen, Anemonenfische, Orcas, Graugänse, Elefanten, Schabrackenschakale. Monogam heißt aber im Tierreich nicht unbedingt, dass ein Partner nicht auch Sex mit anderen Tieren  hat. Bei den Krokodilen ist z. B. erforscht, dass das Weibchen sich während der Paarungszeit zu ihrem Partner hingezogen fühlt und seine Nähe sucht, sich aber dennoch auch mit anderen Männchen paart. Bei den Gibbons hat das Weibchen nicht selten zwei feste Partner. 90 % der Vögel leben in festen Partnerschaften, aber nur etwa 10 % leben auch sexuell monogam.

Einige Tiere müssen sogar damit rechnen, dass ihr Partner sie tötet: Spinnenmännchen leben besonders gefährlich. Die Wespenspinne oder die Schwarze Witwe töten das Männchen, weil es dieses für eine Beute hält, manchmal sogar vor der Paarung. Auch die Gottesanbeterin tut das, wenn sie hungrig ist. Ist sie satt, hat der Gatte Glück und bleibt am Leben.

17. Kein Gedicht

Du hältst Theos Tagebuch in der Hand, obwohl er doch Frau Diepholz gebeten hatte, es niemandem zu zeigen?
Wie kann das sein?

Dazu muss man erzählen, was passiert ist, als Theo das vollgeschriebene Heft Frau Diepholz übergeben hat.
Und was wir hier aufschreiben, wissen wir von den beiden.

Frau Diepholz war total begeistert von den Gedichten und hat vorgeschlagen, dass Theo in jeder Schülerzeitung ein Gedicht veröffentlicht. Er wurde daraufhin in der Schule sehr bekannt, weil alle seine Gedichte toll fanden. Er durfte sogar mal eins im Rundfunk vorlesen und wurde dazu auch noch interviewt.

Später machte er bei Dichterwettbewerben mit und belegte einmal sogar einen ersten Platz. Irgendwann hat Frau Diepholz ihn überredet, die Gedichte einem Verlag zu schicken. Theo hat zugestimmt. Tja, und die Gedichte landeten auf unserem Tisch. Uns gefielen sie auch, aber veröffentlichen wollten wir sie nicht.

Dennoch haben wir Theo eingeladen, weil er uns neugierig gemacht hatte. Er kam dann, mit Frau Diepholz.
Von den beiden erfuhren wir, dass es noch die Tagebuchtexte zu den Gedichten gab. Die wollten wir gerne lesen. Nach einigem Zögern hat Theo zugestimmt.

Und wir wollten die Gedichte gerne zusammen mit den Tage-buchgeschichten veröffentlichen, weil man etwas über das Dichten erfährt: Zum Beispiel, wie man auf Ideen kommt.

Und davon abgesehen fanden wir Theo, seine Familie und seine Freunde sehr sympathisch. Und vor allem fanden wir es sehr witzig, wie er die Erlebnisse erzählt hat.

Aber Theo wollte auf keinen Fall, dass die Tagebuchtexte veröffent-licht werden. Da hatten wir die Idee, alle Namen zu ändern. Theo hat eine Weile darüber nachgedacht und dann eingewilligt, dass wir tatsächlich alle Texte zu den Gedichten drucken dürfen.

Theo heißt in Wirklichkeit also nicht Theo, Frau Diepholz hat einen anderen Namen, wie auch Nico, Benny und ... klar, Antje ...

Tja, und jetzt wollt ihr sicher wissen, wie das mit Theo und Antje weitergegangen ist. Wir verraten nur so viel: Theo, der ja nicht Theo heißt, hat sein Buch persönlich abgeholt. Seine Eltern kamen mit, seine Schwester, und ein Mädchen, das nicht Antje heißt ...

Der Verlag

Guido Kasmann lebt und schreibt in seiner Geburtsstadt Köln. Lange Jahre arbeitete er als Grundschullehrer und in der Lehrerausbildung. Zum Schreiben hat er durch seine Kinder gefunden, denen er häufig abends selbst erfundene Geschichten erzählte. Irgendwann begann er, sie aufzuschreiben. In seiner Freizeit macht er gerne Musik, treibt ein bisschen Sport, liest oder sitzt einfach nur im Straßencafé.

www.GuidoKasmann.de

Viele Monate im Jahr tourt er durch Deutschland und präsentiert sein lebendiges Erzähltheater. Dabei erzählt und spielt er seine Geschichten vor Kindern. Die Gitarre ist immer dabei und manchmal auch die Figuren aus seinen Geschichten.

Wenn er gefragt wird, warum er für Kinder schreibt, sagt er: „Alles in mir und an mir ist erwachsener oder einfach älter geworden, nur ein Teil meiner Fantasie nicht – und der erzählt mir meine Geschichten."

Dank: Wie viel Arbeit, wie viel Zeit, wie viele Ideen und wie viel Kleinarbeit doch in einem solchen Buch stecken, bis es gedruckt werden kann ... Wer sucht nach Bildern? Wer gestaltet die kleinen Bemerkungen? Wer setzt das alles am Rechner um, bis es zu einer lebendigen Seite in einem Buch wird?

Das machen die Mediengestalterinnen im Verlag. Und für dieses Buch hat Daniela Heirich beim BVK großartige Arbeit geleistet. Wunderbar, was sie aus meiner Geschichte und meinen Gedichten gemacht hat. Vielen Dank dafür.

Bildernachweis

S. 1: weißer Klecks: © lian_2011 / Shutterstock.com; S. 1 / 138 / 140: bunte Kleckse: © harmonia_green / Shutterstock.com; S. 3 / 7 / 14 / 22 / 42 / 52 / 53 / 101 / 133: Handschrift: © Kevin Renes / Shutterstock.com; S. 3 / 16 / 45 / 79 / 93 / 100–101,130: Fleck: © AnaWhite / Shutterstock.com; S. 5 / 17: Buntstiftschraffur: © Nobelus / Shutterstock.com; S. 5 / 7 / 46 / 108: Junge: © IkazNarsis / Shutterstock.com; S. 7–11 / 14–19 / 22–25 / 28–31 / 34–39 / 42–47 / 52–57 / 62–67 / 70–75 / 78–84 / 88–95 / 100–105 / 108–113 / 116–119 / 122–128 / 130–133 / 136–137: Hintergrund Papier: © RoyStudio.eu / Shutterstock.com; S. 8: Ketchupfleck: © Ralf Beier / Shutterstock.com; S. 31 / 124: Pfeil: © bioraven / Shutterstock.com; S. 9: Kreis: © bioraven / Shutterstock.com, Eis: © bikeriderlondon / Shutterstock.com; S. 9 / 15 / 39 / 55 / 83: Notizzettel: © Picsfive / Shutterstock.com; S. 10 / 35 / 43 / 46 / 100 / 108: Sprechblase: © hugolacasse / Shutterstock.com; S. 11 / 89 / 124: Notizzettel: © Aliona Manakova / Shutterstock.com; S. 12–13: Hintergrund: © StudioSmart / Shutterstock.com; S. 14 / 16 / 57 / 124: Fragezeichen: © bioraven / Shutterstock.com; S. 14 / 21 / 137: Smiley: © Pedro Vilas Boas / Shutterstock.com; S. 15: Schafe mit Blumen: © liskus / Shutterstock.com; S. 16: Blumen: © Leonid Ikan / Shutterstock.com; S. 18: Traktor: © TRIG / Shutterstock.com, S. 18: Kind im Matsch: © gpointstudio / Shutterstock.com, S. 18: Besen: © Voyagerix / Shutterstock.com, S. 18: Spätze: © KPG_Payless / Shutterstock.com, S. 18: Krokus: © padu_foto / Shutterstock.com; S. 18 / 40–41 / 74: Notizzettel: © Janaka Dharmasena / Shutterstock.com; S. 19: Wettersymbole: © LiMaxo / Shutterstock.com; S. 19: Buch: © Lyudmyla Kharlamova / Shutterstock.com; S. 20–21: zerrissenes Papier: © Picsfive / Shutterstock.com; S. 20–21: Hintergrund: © Eky Studio / Shutterstock.com, S. 20–21: Korkbrett: © K Woodgyer / Shutterstock.com; S. 20–21: Heftzwecken an Korkbrett: © Raywoo / Shutterstock.com; S. 20–21 / 32: Notizzettel: © Hurst Photo / Shutterstock.com; S. 20–21 / 32 / 34: Notizzettel an Korekbrett: © opicobello / Shutterstock.com, S. 22: Skizzen: © advent / Shutterstock.com, S. 22: Skizze Kleid: © advent / Shutterstock.com, S. 23: Skizze Dusche: © advent / Shutterstock.com, S. 23: Skizze Betten: © advent / Shutterstock.com, S. 23: Skizze Toiletten: © advent / Shutterstock.com, S. 23: Skizze Waschbecken: © advent / Shutterstock.com; S. 24–25: Frühstück Sticker: © Gokce Gurellier / Shutterstock.com; S. 24–25: Brot Sticker: © notkoo / Shutterstock.com; S. 24–25: Kaffee Sticker: © notkoo / Shutterstock.com; S. 24 / 119: Vintage Papier: © urfin / Shutterstock.com; S. 26–27: Tischdecke auf Tisch: © slava17 / Shutterstock.com; S. 26–27: Brettchen: © Africa Studio / Shutterstock.com; S. 26–27: Bastelmaterialien: © Olesya

Autorenlesung
mit Guido Kasmann

Das kindgerecht konzipierte Erzähltheater besteht aus dem Vortrag von Teilen der Romane, theatralischen Elementen sowie musikalischen Beiträgen und Gesprächen zwischen Autor und Kindern.

Kontakt:
info@guidokasmann.de
www.GuidoKasmann.de

„Wer seine Lesung so konzipiert wie Guido Kasmann, dem ist die volle Aufmerksamkeit seines Publikums sicher.“

WAZ

Hardcover ab 9 J., 240 S.
Best.-Nr.: LI105, EUR 8,90
ISBN 978-3-86740-777-9

LIMBU –
das Lese-Info-Mitmachbuch

Hardcover ab 10 J., 164 S.,
Best.-Nr.: LI106, EUR 11,90
ISBN 978-3-86740-789-2

Hardcover ab 10 J., 164 S.,
Best.-Nr.: LI89, EUR 11,90
ISBN 978-3-86740-619-2